Le train comme vous ne l'avez jamais lu

Photographie de couverture : © Mat Jacob/Tendance Floue

Conception de la couverture : Valérie Lagarde

---

www.editionsatelier.com
www.twitter.com/ateliereditions
www.facebook.com/ateliereditions

Imprimé en France *Printed in France*

ISBN : 978-2-7082-4616-4

Coopérative Dire le travail

Le train comme vous ne l'avez jamais lu

Paroles de cheminots

Sous la coordination de
Christine Depigny-Huet
et Pierre Madiot

DE L'ATELIER
LES EDITIONS

Les Editions Ouvrières
51-55, rue Hoche
94200 Ivry-sur-Seine

PRÉFACE

La parole libérée

Que n'a-t-on pu écrire sur la SNCF et les cheminots.

Tantôt encensés, tantôt vilipendés, le moins que l'on puisse dire c'est que les cheminots ne laissent personne indifférent.

Le chemin de fer est entré dans la vie des gens il y a un siècle et demi. En proximité, il a réduit les distances au fur et à mesure des avancées technologiques permettant des échanges commerciaux de marchandises et ouvrant le monde à l'ensemble de la population. Il fut un élément essentiel de l'aménagement du territoire, reliant ainsi l'ensemble de notre pays par un réseau exceptionnel jusque dans les coins les plus reculés.

Les conquêtes sociales, particulièrement celle des congés payés, lui ont donné un caractère de loisir accessible au plus grand nombre, accentué par sa nationalisation en 1937.

Les cheminots ont été la cheville ouvrière de ce développement grâce à des formations de haut niveau, par leur sens de l'intérêt général, par leur volonté de défendre ce mode de transport alternatif et indispensable pour l'aménagement du territoire.

Ils ont pu également s'engager dans cette voie en s'appuyant sur le Comité central du groupe public ferroviaire

(CCGPF). Cette Institution représentative du personnel est chargée d'assurer la gestion des activités sociales à caractère national en direction des cheminots actifs et retraités et de leurs ayants droit et, dans le même temps, elle est également informée et consultée sur toutes les questions relevant de la gestion et de la marche générale du Groupe public ferroviaire.

Alors que les restructurations se font de plus en plus fortes, éloignant le service public des habitants, détruisant les collectifs de travail et les métiers, alors que nous venons de subir deux réformes d'ampleur en cinq ans, nous avons décidé de donner la parole à ceux qui font le train.

Ils connaissent leurs métiers, ils connaissent la SNCF et y sont attachés. Ils ont accepté de vous les raconter, avec leurs mots, leurs vécus, leurs expériences.

Écoutez-les, découvrez-les, et savourez.

Ce sont les femmes et les hommes du chemin de fer.

Ce sont les cheminotes et les cheminots.

Céline Simon,
Secrétaire du Comité central
du groupe public ferroviaire (CCGPF)

AVANT-PROPOS

Printemps 2018, les cheminots font « craquer la torche » sur le terre-plein de la gare de Saint-Nazaire, c'est l'assemblée générale des grévistes. Damien, leader de la section syndicale locale, annonce aux présents qu'un membre de la coopérative Dire le travail souhaite faire connaître les métiers des cheminots. C'est Pierre, dictaphone à la main, prêt à écouter et à ouvrir le micro. Damien invite les présents à lui faire bon accueil. À la Gare de Lyon, à Paris, après avoir expliqué qu'ils ne sont pas à la recherche de « scoops », Christine et Jacques convainquent sans mal des cheminots grévistes de raconter leur travail. La confiance acquise, la parole se libère, la fierté affleure et l'amertume aussi devant ce qui attend le service public de transport ferroviaire que les cheminots servent avec conviction. À Saint-Nazaire, on poursuit la conversation au dépôt autour d'un verre tandis que saucisses et merguez grillent dans la cour. Des cheminots retraités viennent en renfort, ils parlent solidarité, amour du métier. À la Gare de Lyon, on poursuit les interviews à l'AG, puis dans la gare où les cheminots déambulent avec leur fanfare. L'accueil est chaleureux. Il en sera de même aux quatre coins de la France où d'autres membres de la coopérative recueilleront les récits d'aiguilleurs, de guichetiers, de conducteurs, d'agents de maintenance, etc. Il en sort une trentaine de textes écrits à la première personne, qui mettent en scène le travail des cheminots au jour le jour et qui, à partir du 1er mai 2018, sont publiés sur Internet.

L'objectif de ces récits n'est pas d'examiner les revendications d'une corporation dont le savoir-faire est sacrifié sur l'autel d'une supposée rentabilisation. Nombre de journalistes, de politiques, de syndicalistes et d'analystes ont fait ce travail et continuent à le faire. Il s'agissait pour nous de saisir la réalité quotidienne des gestes du métier, de percevoir les dilemmes, les contradictions, les difficultés auxquels chaque agent de la SNCF est confronté, de faire comprendre ses convictions et ce qu'il investit de lui-même pour « se mettre au service du projet qui consiste à relier les gens, les entreprises, les villes, les régions [1] ». Le pari a été d'embarquer directement le lecteur dans une cabine de conduite puis de l'entraîner dans le mouvement perpétuel des trains qui se croisent, des contrôleurs qui circulent de voiture en voiture, des agents qui « cheminent » le long des voies pour entretenir les caténaires, vérifier les rails et charrier des traverses. Le défi a été de se mêler au mouvement des usagers qui vont et viennent devant les guichets, qui se perdent parfois sur les quais et, enfin, d'aller faire un tour derrière le décor, dans quelques-uns des bureaux où se gère la vie quotidienne des agents de la SNCF.

Notre démarche a convergé avec celle du CCGPF de donner la parole aux cheminots. Elle a été guidée par la volonté de valoriser les gens du rail et leur travail contre deux discours qui les déprécient : d'un côté, les cheminots – qui seraient « toujours en grève » – ne penseraient qu'à conserver des privilèges corporatistes ; d'un autre côté, les professionnels du chemin de fer se trouveraient, dans leurs

1. Voir le texte de Damien, « Je dois donner la priorité au TGV », p. 75.

pratiques jugées archaïques et bornées, dépassés par les exigences d'une modernité qui ne souffre aucune attente. Nous avons voulu, au contraire, prendre le temps de donner à voir de l'intérieur les savoirs, les habiletés, les émotions des cheminots, rendre perceptible toute l'intelligence qu'il y a dans leur travail et partager avec eux le sens qu'ils y mettent.

À écouter les cheminots raconter leur travail, nous avons pu, en particulier, percevoir quelques-uns des paradoxes qui sont au fondement de la culture qu'ils sont fiers de revendiquer. Solitude et solidarité : le conducteur a beau être seul dans sa machine pendant des journées entières, comme l'agent de circulation dans son poste d'aiguillage, l'agent d'escale sur le quai ou le « vendeur » derrière son guichet, chacun sait que les gestes qu'il effectue peuvent mettre en jeu la vie de centaines de passagers, de dizaines de cheminots qui travaillent sur les voies ou, pour le moins, contribuer à ce que les voyageurs trouvent le bon quai, le bon itinéraire, faire en sorte que les 170 métiers de la SNCF travaillent ensemble et en sécurité. Transmission et responsabilité : l'essentiel des savoirs et des savoir-faire cheminots sont transmis par des pairs ; les cadres sont souvent issus de la base. Ce que d'aucuns ne se privent pas de considérer comme une tradition sclérosante apparaît, au contraire, comme un gage de connaissance intime du métier et, partant, de responsabilité assumée à chaque niveau.

À travers le prisme du travail, nous avons ainsi perçu bien plus que la description d'une banale activité salariée. Nous avons compris que la conception que les cheminots ont du service public de transport ferroviaire relève d'un projet de société. L'enthousiasme qu'ils ont manifesté vis-à-vis du résultat de nos entretiens montre qu'ils se reconnaissent pleinement dans les paroles que nous avons mises en récit et qu'ils ont signées de leur propre prénom.

Notre souhait est que les lecteurs prennent autant d'intérêt à entrer dans ces récits que nous en avons eu à rencontrer les travailleurs du rail et à partager l'amour qu'ils ont de leur métier ainsi que la haute idée qu'individuellement et collectivement ils se font de leur mission.

Christine Depigny-Huet
Pierre Madiot

Chapitre 1

À bord[1]

À l'origine, le conducteur d'un train est un mécanicien. Il a une locomotive attitrée dont il est responsable. Non seulement il la conduit, mais il est également chargé de l'entretenir et de la réparer. Le mécanicien est accompagné d'un chauffeur, « celui qui chauffe », qui est chargé de mettre du charbon dans la machine afin qu'elle produise de la vapeur pour faire avancer le train. Le mécanicien hérite d'un sobriquet à la mesure de son importance dans l'inconscient de l'usager qu'il transporte, c'est un « baron du rail ».

Le train à vapeur a disparu du paysage. Après le gasoil, c'est l'électricité qui désormais alimente les machines. Même s'il veille à ce qu'elle fonctionne bien, le conducteur n'entretient plus vraiment sa locomotive qui regorge de systèmes informatiques complexes. Le mécanicien est devenu un « pousse-manette ». Bien sûr, aucun cheminot ne croit qu'il suffit d'actionner une manette pour qu'un train effectue son trajet mais, dans la famille, se moquer des uns et des autres renforce les liens. Les « barons du rail » sont donc toujours présents avec, pour le grand public, en tête

---

1. Les textes d'introduction au début de chaque partie ont été rédigés par le Comité central du groupe public ferroviaire (CCGPF).

d'affiche, les conducteurs de TGV. Les images sont pourtant trompeuses, il est bien plus difficile de conduire une locomotive tirant un train de marchandises de plus d'un kilomètre qu'un TGV...

Jusqu'à maintenant, le conducteur n'est jamais le seul cheminot à bord du train. Il est accompagné des contrôleurs. Au début de l'aventure ferroviaire, ces derniers s'appellent les « bottes de paille ». Dans le fourgon des trains de voyageurs où ils séjournent est en effet entreposé du fourrage, destiné au bétail, que les contrôleurs se chargent de dispatcher au fil des gares. Les temps ont là aussi changé. Les bottes de paille ont disparu des trains et les contrôleurs sont devenus des « araignées de fourgon ». L'espace qu'ils occupent, distinct de celui des voyageurs, sert aussi à entreposer les vélos et, comme les araignées, les contrôleurs s'y accrochent... Leur métier ne se limite pas à vérifier si tous les usagers disposent d'un billet. Ils veillent sur les voyageurs, assurent leur sécurité, repèrent les signes avant-coureurs de tensions, renseignent les usagers, etc.

Mais aujourd'hui, les dirigeants de la SNCF voudraient supprimer les araignées de fourgon, au nom de la réduction des coûts et au prétexte que le contrôle des billets peut se faire avant d'accéder au train. Et pourquoi pas supprimer les hôtesses et stewarts dans les avions ?

« Conductrice de train, c'est le métier qui me faisait rêver petite »

Fabienne, conductrice de TER

Surtout, ne pas louper une gare ! Installée dans ma cabine de pilotage, je dois me concentrer sur plusieurs choses à la fois. D'abord, regarder la voie, évidemment. Ensuite, surveiller la pendule qui affiche en temps réel l'évolution du train et les horaires à respecter. Avoir un œil sur le cadran de vitesse et sur le cadran du frein. C'est un système à air comprimé : vérifier que les pressions sont toujours nickel, qu'il n'y a pas de fuite. Si je n'ai pas d'air, je ne peux pas rouler. À chaque arrêt et à chaque départ, des ordinateurs m'indiquent toutes les informations qui concernent la sécurité des voyageurs, l'ouverture et la fermeture des portes. Un signe au chef de gare, et me voilà repartie.

Toute mon attention doit être concentrée sur la conduite du TER. Je n'ai pas le droit au téléphone... pas de musique, pas de FM, rien. On ne peut même pas communiquer entre conducteurs. En cas de nécessité absolue, j'ai juste le contact avec l'agent de circulation par la radio du bord. Pour être conductrice, il faut donc que j'accepte de vivre seule des journées entières, les yeux rivés sur les rails et sur les instruments. Les gens ne se rendent pas compte de cette solitude. En plus, je pars sur deux jours, sans pouvoir rentrer à la maison. Le soir, je suis hébergée dans un foyer ou dans un hôtel prévu pour les personnels de la SNCF dans chaque « gare d'origine », là d'où démarrent les premiers trains du matin.

En réalité, je ne me contente pas de conduire. Je dois sentir mon train. Quand une panne arrive, ce n'est pas le moment d'appeler quelqu'un pour qu'il me dise : « Fais ci ou fais ça. » Le train avance, il y a des voyageurs dedans. Il faut que je prenne instantanément la bonne décision. Alors, les procédures extrêmement strictes, apprises par cœur pendant mon année de formation, répétées dans des simulateurs où j'ai été confrontée à toutes les situations possibles et imaginables, ressortent d'un coup comme si j'avais été programmée. Ce sont des automatismes. Et si quelqu'un à la radio me dit : « Non, non ! Il faut faire autrement ! », c'est moi qui pilote la machine. C'est moi qui décide, seule. Donc, c'est une sacrée responsabilité !

Une fois, j'ai perdu un morceau de mon train : une partie mécanique s'est tout d'un coup désolidarisée de la machine. Ça surprend... Une autre fois, j'ai eu une voiture bloquée en plein milieu de la voie. Par chance, j'ai réussi à m'arrêter avant de la percuter. J'ai rencontré aussi un passage à niveau ouvert. Là, j'ai quand même eu peur. J'étais lancée « pleine balle » et puis, d'un seul coup, j'ai vu que les barrières étaient levées. Je ne pouvais pas savoir si une voiture allait arriver et s'engager en toute insouciance... J'ai fait tout ce qu'il y avait à faire dans l'urgence et j'ai prévenu aussitôt l'agent de conduite du poste d'aiguillage pour empêcher qu'un train n'arrive de l'autre côté au même moment. À ce moment-là, c'est le palpitant qui s'emballe. Une grosse montée d'adrénaline ! Heureusement, je n'ai jamais eu d'accident grave. Surtout, j'ai eu la chance de ne pas avoir un « accident de personne ». C'est ce que je redoute le plus. Au niveau de la procédure, ce n'est pas ce qu'il y a de plus compliqué à gérer, mais c'est un choc psychologique terrible. Nombre de conducteurs qui ont eu ce genre d'accident disent : « J'ai écrasé quelqu'un. » Ce n'est pas anodin. Et ça arrive en moyenne une fois par carrière. Entre novembre et Noël, au moment où les gens ne vont pas bien, où les jours raccourcissent, c'est une éventualité qui nous hante...

S'il y a du retard, je ne peux pas faire grand-chose pour le combler. Chaque train a une « marche tracée ». Par exemple pour un Saint-Nazaire-Nantes, tout est prévu pour que j'arrive à une heure donnée, avec des vitesses de référence. De toute façon, l'engin doit respecter une vitesse limite, et la voie comporte des tronçons à vitesse imposée. Chez nous, quand on dit qu'on roule à 140 à l'heure, ce n'est pas 141. Si jamais je dépasse d'un seul km/h, mon supérieur viendra me signifier que j'ai commis une faute. Quand la « marche tracée » est basée sur la vitesse limite, impossible de gagner la moindre seconde. En fait, pour rattraper du temps, il faut avoir une marche de base souple. Par exemple, quand deux trains partent à peu près à la même heure sur les lignes de Redon et de Saint-Nazaire qui se rejoignent à Savenay, on va demander à l'un de rouler plus lentement pour pouvoir passer derrière l'autre. Au lieu d'une vitesse de base de 140, il roulera à 120. Ainsi, s'il a du retard, il pourra en rattraper un peu en roulant au-dessus de 120. Mais c'est de plus en plus rare parce qu'il y a de plus en plus de trains. Il faut que ça dégage. On n'est pas dans un avion qui peut voler en dessous, au-dessus, à droite ou à gauche des autres. Les trains, c'est vraiment tous à la queue leu leu. Donc, toutes les marges sont au taquet. C'est mathématique.

Conductrice de train, c'est le métier qui me faisait rêver petite. Quand j'ai commencé, je partais à midi et je revenais le lendemain pour midi après avoir dormi à l'extérieur. Aujourd'hui, je peux partir à 5 heures du matin et revenir à 22 heures le lendemain puis changer complètement d'horaires le jour suivant. Dans ces conditions, gérer la vie de famille devient compliqué. À la fatigue s'ajoutent la pression d'un management agressif et la lassitude d'être corvéable à merci. Au début de ma carrière, aucun cheminot n'émettait même l'hypothèse de quitter la SNCF. Aujourd'hui, je ne sais pas si on peut en dire autant.

« Tu as un peu des yeux dans le dos »

François, conducteur TA

Un train, c'est beaucoup plus traître qu'une voiture. Ça ne s'arrête pas pareil. Il faut toujours anticiper, repérer ton point d'arrêt, te le mettre dans la tête, parce que si tu dépasses ce point de freinage, c'est foutu ! Il faut anticiper de deux à trois cents mètres. Les jeunes conducteurs, souvent, je les reprends là-dessus. Ils n'anticipent pas assez. Évidemment, un train, ça suit les rails ; tu n'as pas le côté « coup de volant » comme en voiture. Tu n'en as pas non plus qui te doublent à gauche ou à droite, mais tu as une vitesse à respecter ; tu dois connaître tes voies. Si c'est en pente ou en rampe, ça réagit vraiment différemment. Ça demande beaucoup d'anticipation ; il faut une marge de sécurité, car si tu commences à empiéter là-dessus, quoi qu'il arrive, un jour ou l'autre, vu le temps que tu vas passer sur les rails dans ta carrière, tu vas te faire piéger. Le côté traître, il est là.

Dans le réseau Île-de-France, il y a beaucoup de feux, et il faut donc rester vigilant en permanence. En fait, chaque feu que je franchis et qui n'est pas au vert, il faut que je l'acquitte, il faut que je signale que je l'ai bien vu, sinon le train s'arrête. Tout est fait pour qu'en cas de somnolence ou de non-vigilance du conducteur, le train s'arrête. Tous les systèmes de sécurité sont faits comme ça. Tu ne tombes pas directement sur un feu rouge ; tu es d'abord sur un feu vert, puis un jaune et ensuite un rouge. Au moment où tu franchis un feu jaune qui t'avertit que tu vas avoir un feu rouge ou autre, ça « bipe » dans ta cabine ; il y a une lumière qui clignote ; il va y avoir une vingtaine de clignotements. Si tu ne l'acquittes pas, au bout de vingt clignotements, le train s'arrête.

Il y a la pédale aussi. Je suis en permanence en train de tenir un arceau. Tu peux te servir de tes pieds ou de tes mains. Si j'ai cinq secondes de relâchement, si je lâche tout, si je ne fais rien, ça va se mettre à sonner cinq secondes et après le train va s'arrêter. Il faut que j'appuie régulièrement. Inversement, si je reste longtemps appuyé, au bout d'une minute, ça va faire la même chose. C'est pour le cas où tu t'endors et que tu tiens machinalement ton arceau. C'est plus rare évidemment. Ça peut être un malaise ou n'importe quoi.

Tout ça se fait machinalement. Tu n'y penses pas. C'est comme dans une voiture, tu ne penses pas à embrayer. Donc, tu ne t'endors pas, ce n'est pas possible. Tu es vigilant : les voies, la vitesse, les feux, le bruit aussi. Tu surveilles ton bruit inconsciemment, tu as un peu des yeux dans le dos.

L'incident, ça peut être un accident voyageur. De ce côté-là, surtout en début de carrière, il y a un cap à passer. Tu en as qui ne le passent pas ; ils ont un stress par rapport à ce risque-là. Même si tu roules avec des trains sans passagers, quelqu'un peut tomber sur les voies quand tu longes un quai. L'incident, ça peut être aussi un signal fermé que tu franchis parce que tu t'es loupé dans ton freinage ou parce qu'il y a eu un problème sur ton frein ; ou bien encore le dépassement de la zone protégée. Dans ce cas, tu dois t'arrêter. Et il y a un autre train qui va arriver. Si tu as le malheur d'être là juste avant que le train suivant arrive, les mesures de sécurité exigent que tu fasses une alerte radio qui est diffusée dans tous les trains. Quand on entend ça, tout le monde s'arrête. Ensuite, celui qui a posé l'alerte radio explique ce qui s'est passé. Le régulateur renvoie les trains qui peuvent circuler. Il centralise la zone où il y a eu l'incident. Tout ça, c'est une question de règlement.

Quand il y a un incident, tout le monde arrive. Que ce soit grave ou pas, rien n'est traité à la légère. Si un conducteur a franchi un signal, qu'il ne l'a pas vu, tout est pris en compte. Par exemple, si c'est un matin avec un temps ensoleillé, le soleil rasant, en plein contre-jour, le mécano ne va pas chercher d'autres justifications. Il va dire : « J'avais le soleil en face ; j'étais persuadé que le feu était vert. » Voilà. S'il y a un problème de freinage sur les derniers mètres, ça peut être un jour où il y avait de la grêle ou de la neige. En cas d'incident, un bilan de la situation doit être fait : « À quelle heure es-tu parti de chez toi ? Est-ce que tu n'avais pas un manque de sommeil ? As-tu des soucis de famille ? » Si ça vient du matériel : « Qui est-ce qui a travaillé dessus avant ? Quel est le mec des ateliers ? » Ils remontent ainsi la chaîne et, quoi qu'il arrive, ils sauront la vérité. Il n'y a pas de mystère.

Mais ce stress de l'incident, je ne l'ai plus vraiment. Je sais ce que j'ai à faire. Au début, tu n'es pas à l'aise quand même. Tu as eu l'examen, mais tu es hyper attentif ; tu te poses plein de questions sur ce que tu sais, sur ce que tu as appris. Mais tu n'as pas forcément eu d'exercices d'application. Par exemple, pour l'accident de personne, tu ne vas pas mettre quelqu'un sur la voie pour montrer comment ça se passe ! Tout ça, c'est compliqué. Quand ça arrive, c'est un choc qui te marque. Avec le temps, tu n'en fais pas abstraction, mais tu te soulages de ça. Tu ne peux pas conduire en ayant la crainte de tout.

Chaque journée est différente. Et sur mon bulletin de service (BS), tout est prévu d'avance. Par exemple : Paris Est 15 h 53, marche à pied depuis la salle des pas perdus pour rejoindre Magenta où je dois prendre le RER pour Pantin. C'est prérempli. Tout est calculé dans ma journée : mes temps de conduite, mais aussi mon temps de marche à pied ou le temps de transport quand je monte en voyageur. Il y a parfois des litiges entre les syndicats et la direction quand il y a un changement dans les roulements ou dans la composition des journées et qu'ils s'aperçoivent qu'elle essaye de gratter un petit peu...

La SNCF a donné un iPad à tous les agents de conduite de la Gare de l'Est. Ça permet d'avoir une communication beaucoup plus rapide qu'à une certaine époque. Avant, ça se passait par courrier, par un petit casier, une boîte aux lettres à ton nom. Dedans, tous les jours ils te balançaient le courrier et le règlement, les travaux qu'il y avait sur les voies, etc.

Du coup, il y a quelqu'un qui est chargé de la logistique des tablettes, car ça représente du boulot, 400 iPad qui se promènent avec des mecs qui ont des problèmes comme moi : « Il ne marche plus... La batterie est morte... Je n'arrive pas à le faire démarrer... » Au début d'ailleurs, il y avait des anciens qui n'en voulaient pas : « C'est quoi, cette merde ? » Ils ne voulaient pas changer leur façon de travailler. Mais l'histoire aussi, c'est qu'elle a supprimé plein de postes administratifs. Avant, les bulletins de service, on les remplissait sur papier. On les a toujours d'ailleurs, car si ta tablette ne fonctionne pas, tes journées tu les remplis avec. Les BS papier étaient traités dans les bureaux. Là, tout était repris. Le travail des agents, là-bas, consistait à regarder si la déclaration correspondait bien à la journée, à voir si c'était bien rempli, si tu n'avais pas oublié de signer. Après, ils passaient ça dans une machine pour le scanner. Tout ça devait être fait pour établir les paies à la fin du mois. La tablette a remplacé tout ça.

Sur le réseau, les conducteurs sont TA ou TB : TB, tu conduis des trains avec voyageurs ; TA, tu conduis les mêmes trains, mais sans les voyageurs. Moi, je suis TA : j'achemine les RER entre Paris et Vaires-sur-Marne, depuis les ateliers ou les grands chantiers où on les entretient, les répare, les nettoie, jusqu'à leur gare de départ ou inversement.

Quand on crée une « marche », c'est-à-dire un train qui, au départ, n'est pas prévu, il faut que l'agent qui me fournit le travail le prépare, qu'il monte toute la partie administrative pour que le train puisse rouler. Il commande un horaire, il commande les voies, il commande les postes pour leur expliquer qu'il va y avoir un train qui va s'appeler « tel numéro », qui va passer sur cette voie à telle heure. Quand je suis en dispo, il m'appelle et me dit : « Je prépare un train pour toi. » Une demi-heure après, quand il a passé toutes les étapes requises, il me donne une charge de travail avec l'horaire, le train, la circulation, le point A, le point B.

En fait, j'ai choisi d'être TA pour les horaires. Dans mon cas, c'est un choix purement personnel, sans même parler de famille. Un conducteur TB commence souvent à 3 ou 4 heures du matin. Avec le premier horaire, il va finir à 10 heures. Il peut repartir à 19 heures et finir à 22 ou 23 heures. Il peut faire des extrêmes en matinée et enchaîner sur des extrêmes en soirée. C'est beaucoup plus désorganisé pour la vie de famille et le temps de sommeil. Quand tu dois te lever à 3 heures du matin, dans l'idéal, il faudrait te coucher à 8 ou 9 heures. Pas très évident ! Et avec le roulement Grande ligne ou le roulement TGV, il y a en plus les « découchés ». Comme je suis maintenant un des plus anciens, on m'a proposé d'intégrer le roulement TGV. J'aurais gagné plus d'argent. Mais j'ai vu qu'ils travaillent tous les week-ends et beaucoup de soirées. J'ai dit non. Voilà.

Il y a beaucoup de divorces, quand même, chez les conducteurs. Mon père était cheminot et ma mère ne travaillait pas. Avec les horaires de mon père, s'il avait fallu qu'elle travaille, ils ne se seraient pas vus souvent. C'est aussi pour ça que j'ai fait ce choix car ma femme travaille. Mais, même avec ce roulement, nos horaires ne correspondent pas vraiment. Si je faisais TB, ce serait encore plus compliqué. Pourtant, les TB sont mieux rémunérés ; ils ont plus de repos pendant l'année ; ils ont moins d'heures travaillées dans une journée. La veille de repos, ils ne peuvent pas finir après 19 heures alors que moi, je peux travailler jusqu'à 23 h 59. Ça leur garantit le soir à la maison et les deux repos qui suivent. Ils ont quand même ces compensations-là.

Cette semaine, je viens de faire trois nuits de suite : samedi, dimanche, lundi. Généralement, les nuits, j'ai une charge de travail qui m'est attribuée. Donc je connais mes trains, mes horaires, mes départs, mes arrivées. Sauf que, pendant la période de grève, les trains ne circulent pas comme d'habitude. Du coup, on est dispos. Dans ces circonstances-là, j'attends à la Gare de l'Est dans ce qu'on appelle la « salle des pas perdus ». Ce n'est pas un hébergement. C'est simplement un endroit où tu as un canapé, une télé, une machine à café, une table, des chaises... Je passe la nuit comme ça à attendre, au coup par coup, d'être commandé par téléphone s'il y a un train à faire rouler.

« TGV ou grandes lignes, je dois sentir mon train »

Franck, conducteur

Conduire le TGV, ça n'est pas difficile : une fois qu'on a atteint la bonne vitesse, il ne se passe plus rien. Mais avec ce matériel moderne, informatisé, il arrive parfois en cabine des choses qu'on ne maîtrise pas. Par exemple, quand je conduis sur une ligne classique, c'est moi qui décide d'isoler un bloc moteur s'il a un problème. En TGV, alors que je suis en train de conduire, il y a tout à coup un bloc qui s'isole alors que je n'ai rien demandé. Et il m'est impossible de le remettre en service. Je dois demander la permission par téléphone. Brusquement, je ne peux plus tractionner, et je ne peux rien faire. C'est la machine elle-même qui va essayer de trouver d'où vient la panne et de régler les problèmes à ma place. Par rapport à un train classique, je perds donc en maîtrise. En plus, la machine envoie des informations aux ateliers. Du coup, à la gare suivante, on me dit : « Tu as eu ce problème-là. » Moi je n'ai rien vu. La seule chose que j'aie eu à faire a été de m'occuper de la conduite du train : je n'ai pas la main sur tout ce qui est mécanique. D'ailleurs, je suis maintenant conducteur, alors qu'avant, j'étais mécanicien.

Lorsque je conduis un train classique, contrairement à ce qui se passe sur un TGV, je peux dépanner. Par exemple, je me suis rendu compte, un jour, que je n'avais plus assez d'air pour pouvoir freiner en urgence. C'était un problème de compresseur. Je me suis arrêté et j'ai essayé de le relancer. J'ai suivi le cheminement : ouvrir le guide de dépannage compresseur, aller page 100 où l'on vous demande de vérifier le disjoncteur. Il n'était pas déclenché. Par réflexe, je l'ai déclenché et réenclenché. Et le compresseur s'est remis en marche ! Après coup, on m'a dit qu'il y avait certainement de la poussière dedans. Là, je me suis senti utile, j'avais tout remis en ordre pour repartir. Ce genre d'intervention est impossible sur TGV. Je dois avoir l'autorisation d'un tel et d'un tel pour dépanner le compresseur alors que je l'entends : il est dans la motrice. Ça fait du bruit, un compresseur. D'ailleurs, je conduis beaucoup avec les sons. Je sens l'adhérence du train sur le rail. À l'oreille je perçois les petits soucis. Quand je pars d'une gare, si le rail est gras et si aucun train n'est passé avant moi, je sais que j'aurai du mal à prendre de la vitesse parce que l'essieu va patiner. Quand je roule, j'entends les chocs au niveau des aiguilles, ça fait « pam pam pam ». Ça ne m'alerte pas forcément, ce sont des bruits qui me permettent de sentir mon train.

Pour moi, conduire un train c'est essentiellement établir un lien entre la machine et l'humain que je suis. J'ai les commandes et je sais ce qui se passe techniquement quand j'injecte du courant dans le moteur, comment ça se transforme en énergie mécanique, comment se fait l'accélération du train. Avec mon DUT mesures physiques, très polyvalent, je n'étais pas censé aller vers la SNCF. Mais, à l'IUT, je savais déjà que ma voie était tracée, que j'allais entrer à la SNCF, faire directement conducteur de train, avec un emploi garanti et un bon salaire. Il faut dire que je faisais partie d'une famille cheminote par mon père, mon oncle. J'ai commencé par conduire des trains de fret. C'est tant mieux parce que j'y ai appris beaucoup de choses, en particulier conduire avec le profil des lignes, les pentes, les montées, éviter d'utiliser le frein. Ça ne sert à rien de rouler à la vitesse limite dans une descente pour devoir ensuite freiner et planter le train. Quand on donne un coup de frein sur un train de marchandises, il faut attendre longtemps pour repasser en mode traction. C'est très long à desserrer, il faut éviter l'effet élastique sur les marchandises. Vous avez beaucoup de tonnes derrière, parfois mal réparties. Concrètement, si on conduit brutalement on va faire du yo-yo, on peut même couper le train en deux.

Vingt-huit ans après, je suis toujours conducteur de train sur grandes lignes et sur TGV. C'est cette diversité qui me plaît. Au départ d'Austerlitz, je fais Limoges, Brive, Cahors... Ces trains avaient des noms : le Talgo, l'Occitan. Maintenant, tous les trains portent un numéro. Avec l'arrivée du TGV, beaucoup de trains ont été supprimés à Austerlitz. Nous avons alors conclu un accord au niveau de l'établissement qui nous permet, quand il nous reste six ou sept ans avant la retraite, de bénéficier d'une formation TGV. J'ai suivi cette formation mais j'ai refusé d'aller à Montparnasse dont l'ambiance me paraît moins chaleureuse. Et je voulais surtout ne pas faire que du TGV : je n'en conduis qu'en remplacement. Comme je dois en moyenne quatre journées par mois, je peux rester de longs moments sans en faire, puis remplacer les titulaires six ou sept jours par mois en été. Effectuer des remplacements sur TGV m'oblige à être très vigilant. Je révise la veille chez moi, j'anticipe. J'ai mon parcours et les documents. Je regarde ce qui se passe si j'ai des lampes qui s'allument en cabine, comment je dois répondre si le disjoncteur s'ouvre et que le train n'est plus alimenté. Ce sont des gestes métier. Je regarde aussi les vitesses. Le jour où il y a une restriction de vitesse, on ne voit pas forcément l'information depuis la cabine. C'est ce qu'on appelle le « délit d'habitude ».

Le TGV se conduit tout le temps à fond, à la vitesse maxi. Je pars à 30, puis c'est 110 et je continue à accélérer. Il faut toujours être au taquet de la vitesse. Et le paysage de la voie à grande vitesse est plat. Je le traverse à coups de grandes lignes droites, monotones comme des autoroutes. Avec les trains classiques, je prends le temps de rouler, de regarder autour de moi. Je trouve important de voir les régions, les villes, les petites gares, les anciennes gares. En TGV, je reste à 300 pendant deux heures, je ne vois rien d'autre que les vitesses autorisées affichées en cabine. La nuit ou dans le brouillard, c'est impressionnant. Avec les autres trains je dois respecter une vitesse maximum sur chaque tronçon. Mais il est de ma compétence de me régler par rapport à la ligne, aux indications des panneaux installés le long de la voie, à la présence de chantiers ou à la forme des courbes. Je ne peux pas me permettre de tout interpréter mais j'ai une certaine liberté. Par exemple, sur un tronçon qui est limité à 130, je sais que je peux rouler à 110 et être à l'heure quand même. Je peux aussi rouler à 120 ou 130 si je veux gagner un peu de temps. Je sais sur quelle portion de ligne je peux gagner entre deux gares. Je sais si, même en roulant au maximum, ça sera trop court. Ça, c'est l'expérience de vingt-huit ans de conduite. Au début, quand on ne sait pas tout ça, on arrive parfois trop tôt en gare. Aujourd'hui, quand je rattrape les quinze à vingt minutes de retard du départ, il arrive qu'à la descente du train, les gens viennent me voir en disant : « Bravo ! » Il y en a même qui applaudissent. Je pense qu'ils ont compris que, quand on est en retard, ce n'est pas forcément de notre faute et qu'on fait tout notre possible. Il y a eu des soucis, j'ai bien réglé, je suis content.

Comme la plupart des conducteurs, pourtant, j'oublie que je transporte des voyageurs. Je m'épargne cette pression. C'est le contrôleur qui gère le côté voyageurs. Mais, notamment dans les TER, on nous les enlève progressivement. C'est ce qu'on appelle la « conduite à agent seul ». Le conducteur s'occupe alors de plus en plus des voyageurs, comme en Île-de-France où j'ai fait dix ans de banlieue. Si quelqu'un tire un signal d'alarme en gare, c'est le conducteur qui doit aller voir ce qui se passe. Ça arrive très peu, davantage sur le RER, environ une fois par semaine. Dans le TGV je reste en cabine, j'appelle le contrôleur qui m'explique : « Un voyageur n'avait pas eu le temps de descendre, il a tiré le signal d'alarme. Ne t'inquiète pas, je réarme. » Sur ce type de train, ce sont à peu près les seuls contacts que j'ai avec les contrôleurs puisqu'à Montparnasse, par exemple, un escalator amène le conducteur directement face à la cabine, à la tête du TGV. Si les contrôleurs ne viennent pas taper à la vitre, on n'a pas de contact direct. À Austerlitz, au contraire, sur les trains classiques, je vais toujours dire bonjour au contrôleur. Lorsque je vais à Cahors, je lui demande systématiquement s'il vient dîner avec moi. Avec le TGV, j'arrive à Quimper ou à Brest, je vais garer la rame dans un triage, et pendant ce temps le contrôleur est déjà parti au foyer. Je peux très bien ne pas le croiser sur les deux jours.

On nous apprend en formation TGV qu'il faut à la fois rouler en sécurité, partir à l'heure et gagner du temps. Mais, si vous faites une survitesse, le train va s'arrêter automatiquement. Il faudra alors aviser la régulation et repartir tout doucement, en marche à vue, jusqu'au prochain signal au cas où l'aiguilleur aurait fermé ce dernier entre-temps. C'est seulement quand on passe le premier signal voie libre qu'on reprend à la vitesse normale. Et il s'est écoulé quinze minutes avant que vous ayez pu reprendre de la vitesse. Non seulement vous n'avez pas gagné une seconde mais vous vous êtes compliqué la tâche. À l'arrivée, il y a la bande graphique que le service spécifique regarde à chaque fin de bande. Ça enregistre plusieurs paramètres : les essais de sécurité avant de partir, la vitesse, le sifflet. Avant, le chef recevait une alerte de ce service avec la courbe théorique sur un transparent, il la mettait sur ma bande graphique et il voyait s'il y avait des anomalies. Maintenant, un logiciel compare les courbes et c'est binaire : c'est bon ou c'est mauvais. En consultant le document papier, il pouvait se dire : « Il a dépassé d'un km/h parce qu'il est dans la descente et qu'il va remonter après. » Alors qu'aujourd'hui : « Oh là là ! Il m'a fait une zone rouge ! » S'il n'a pas le recul suffisant, il est capable de me demander des explications. Et quand on a beaucoup de demandes d'explications, ça peut finir par une sanction, jusqu'à un avertissement. À la SNCF les sanctions sont rarement pécuniaires, mais ça joue énormément sur l'amour-propre. Ça donne l'impression d'être un mauvais conducteur. On en parle entre nous sur les lieux où on se croise, lors des RHR, les repos hors résidence. Comme on est obligés de dormir au foyer, on a le temps de discuter. Moi, il est hors de question que je garde ça pour moi. J'en parle pour que les collègues ne se fassent pas avoir sur une section de ligne : « Je te préviens, il m'est arrivé ça. »

Au cours des quatre journées de formation que nous suivons chaque année, certains se lâchent, surtout les conducteurs qui ont eu des accidents de personne. Le jour où ça arrive, la plupart des conducteurs descendent de la machine pour constater ce qu'il s'est passé. Et même en retraite, les images sont encore là. Le jour où j'ai vu un homme sur la voie, j'ai « tapé l'urgence ». Le train s'est arrêté à temps. Je suis resté tétanisé en le regardant. Il est parti. J'ai eu besoin de souffler avant de redémarrer. Quelqu'un qui ne porte pas le gilet SNCF, c'est quelqu'un qui veut se suicider sur la voie ferrée. Il nous arrive que des gens n'aient pas vu le train arriver. Mais dans 90 % des cas, ce sont des suicides. Certains conducteurs qui ont vécu cela m'ont dit : « Oui, la personne a bien regardé mon train. » Ça veut dire qu'elle a regardé le cheminot. Leurs regards se sont croisés. Heureusement je n'y pense pas quand je conduis, je prends l'habit de conducteur et j'applique ce que j'ai appris. Mais ce qui est sûr, c'est que là où on a failli avoir un accident de personne, on y pense à chaque fois qu'on y passe. Un jour, j'ai manqué taper un tracteur sur un passage à niveau, il est parti juste à temps. À chaque fois, cela me revient à l'esprit. Heureusement qu'on n'y pense pas tout le temps...

En fin de compte, la seule difficulté de la conduite TGV c'est de rentrer sur la ligne grande vitesse à partir du réseau classique et de la quitter, parce qu'on change de système. Donc, c'est là que vous pouvez avoir des anomalies. À la sortie d'Austerlitz, quand j'aperçois le dernier signal sur la voie à Massy-Palaiseau, je sais que je vais voir la vitesse apparaître sur le pupitre de la cabine du TGV deux cents mètres plus loin. Si ça ne s'affiche pas, il y aura des choses compliquées à faire. De même, à la sortie, la vitesse disparaît, on change de tension de ligne. Il faut baisser les pantographes [1], vérifier que le premier feu est vert.

Vu de l'extérieur, le poste le plus prestigieux est celui de conducteur de TGV. Pas pour moi, parce que j'ai tout fait et que les plus compliqués à conduire, ce sont les trains de marchandises.

1. Pantographe : dispositif articulé qui permet à une locomotive électrique de capter le courant par frottement sur une caténaire.

« Un train, c'est un peu comme une ville »

Sandra, contrôleuse

Austerlitz, c'est ma gare. C'est la plus petite des gares parisiennes, elle a gardé un côté gare de province vraiment sympa, un peu comme un petit village. Cela fait vingt et un ans que c'est ma gare de rattachement. Pourtant, au départ, c'est mon père qui m'a poussée à postuler à la SNCF. J'avais raté ma première année de fac une première fois puis une deuxième, j'avais enchaîné avec des petits boulots. Je me souviens qu'il fallait faire une lettre de motivation mais j'étais encore dans ma période rebelle, post-ado, avec un côté un peu artistique. Alors, mon père m'a forcée à m'asseoir à la table de la salle à manger pour écrire cette lettre et il m'a dit : « Tu ne bougeras pas tant que tu ne l'auras pas faite. » À l'époque, je n'avais pas du tout conscience de ce qu'était le service public, pourtant, sans le savoir, c'était exactement ce qu'il me fallait ! Comme je suis originaire du nord de la France, j'avais postulé à Lille, Paris, Reims et Rouen. Finalement, c'est Paris qui m'a appelée en premier pour me faire passer des tests médicaux. Après, il y avait une grande réunion et on passait des petits entretiens. On nous avait demandé si on préférait être au guichet ou dans les trains ; comme j'aime bien bouger, j'ai dit « les trains ». Tout s'est bien passé et mon dossier a été transféré à la gare du Nord, où j'ai eu un entretien. Mais je ne correspondais pas au profil qu'ils recherchaient : j'étais une fille, j'avais 20 ans, je venais de province et ils avaient besoin de colosses pour les envoyer dans les trains de banlieue. Plus tard, le responsable des ressources humaines de la gare d'Austerlitz m'a appelée, il m'a dit : « Si vous êtes intéressée, vous pouvez commencer le 2 mars. » C'était en 1998.

J'ai commencé en banlieue, sur la ligne C qui dépend de la gare d'Austerlitz, pendant six ans. Depuis 2004, je suis revenue en grande ligne, des trains sur lesquels j'avais déjà travaillé pour avoir mon examen. J'avais envie de retourner vers les gens parce que, dans un train de banlieue, on n'a pas le temps d'entrer en relation avec les usagers. À l'époque, j'étais dans des équipes de trois ou quatre contrôleurs, notre rôle était uniquement de vérifier les titres de transport des voyageurs. Le travail était monotone, il se limitait à faire des procès-verbaux et à vendre des billets. Maintenant, je travaille sur des trains Corail où, la plupart du temps, je suis toute seule. Parfois, nous sommes deux, pour répondre à des obligations réglementaires, par exemple dans certaines configurations de quais ou de gares qui ne permettent pas de voir l'ensemble du train. Dans ces cas-là, être à deux permet de donner le départ en toute sécurité. Comme il y a moins de personnel en gare, je m'occupe de tout un tas de choses au départ. Sur des trains Corail qui ont en général plus de quarante ans, je suis obligée d'être sur le quai, de vérifier que personne ne monte ou ne descende en dernière minute puis j'actionne la clé, à l'ancienne, pour fermer les portes. Je suis responsable du moment et des conditions dans lesquelles je fais partir le train. En gare de départ, je m'assure que tout a été fait : que l'agent de manœuvre a vérifié les freins, que les voyageurs sont montés, que le signal en tête de train est bien au vert, signe que l'on a l'autorisation de passer, et qu'il est l'heure de partir. Selon les gares, ces fonctions peuvent être partagées avec le conducteur ou le chef de gare.

Je dis que je suis contrôleuse mais, en fait, c'est très réducteur. Officiellement, je suis agent du service commercial train (ASCT) ; d'après les textes, j'ai vingt et une missions professionnelles, et le contrôle n'est qu'une mission parmi les autres. Ma première mission est d'assurer la sécurité des trains. Je connais les protocoles de sécurité par cœur, même si j'espère ne jamais avoir à les mettre en place ! Dans un train, on doit être prêt à faire face à tout. La relation avec le conducteur est importante car s'il y a un problème de sécurité, c'est lui qui commande. Il y a des choses que je dois savoir comme lui pour pouvoir intervenir s'il n'est pas en mesure de le faire parce qu'il est blessé ou évanoui ou même décédé à la suite d'un choc. Avant le départ, un agent de manœuvre vérifie les freins mais le conducteur peut me demander à tout moment de m'assurer qu'ils fonctionnent correctement. Dans ces cas-là, je me rends en queue de train pour vérifier que le manomètre est bien rouge quand il actionne le frein. Les freins, dans un train, c'est une histoire d'air qui passe ou qui ne passe pas, comme pour ce qui concerne la fermeture des portes. Je peux être amenée à vidanger les tuyaux si c'est nécessaire, c'est pour cette raison que je dois toujours avoir des gants dans ma sacoche. Pendant l'été, par exemple, le train Paris Austerlitz-Nantes est prolongé jusqu'au Croisic en juillet et en août. Cette année, ce sont les contrôleurs qui devront faire eux-mêmes les essais freins au départ du Croisic.

En plus de la sécurité du train, je dois aussi assurer la sûreté des voyageurs et la mienne tout au long du trajet. Dans notre formation, des psychologues interviennent pour nous apprendre l'attitude à avoir avec une personne qui deviendrait agressive, par exemple au moment du contrôle des billets. J'ai dû faire face à des contrôles qui partaient mal mais je n'ai jamais été agressée physiquement. Je me souviens d'une fois où un passager du train Paris-Orléans est venu me voir, furieux. C'était un vendredi, le train avait eu une demi-heure de retard tous les soirs de la semaine et je n'étais pas au courant. Je crois que ça a été la goutte d'eau, il n'en pouvait plus, les insultes ont commencé à fuser, il m'a dit que je n'étais qu'une grosse feignasse, une s... Tout de suite, je me suis mise en retrait, je lui ai dit que j'arrêtais de parler avec lui. Une fois que le train est parti, je suis retournée le voir, je lui ai dit : « Ça va mieux ? » Et là, il m'a regardée et, du fait que j'étais revenue vers lui, il s'est excusé. Je ne suis pas là pour prendre des coups. Avec la plupart des gens, cela se passe très bien mais, parfois, j'ai l'impression que les gens ont besoin de se défouler, et les agents SNCF, c'est parfait pour ça ! Si je me mets en danger, cela pourrait faire peser une menace sur les voyageurs ; mon rôle, c'est de prévenir, d'évacuer les gens, éventuellement de demander l'intervention des forces de l'ordre.

Ce que j'aime dans mon métier, c'est la diversité, le mélange de missions très sérieuses comme la sécurité et le côté chaleureux du contact avec les voyageurs. Un train, c'est un peu comme une ville, ou même un pays, il y a de tout : il y a des gens qui voyagent pour le travail, d'autres qui sont tranquilles parce qu'ils partent en vacances, d'autres encore qui se rendent à un enterrement, il y a des jeunes, des vieux, certains prennent le train par choix, d'autres par obligation, il y a des gens qui n'ont pas les moyens d'acheter leur billet et des stars de cinéma qui partent à une conférence. Je veille aussi au service à bord du train, je vérifie qu'il y a bien de l'eau et du papier dans les toilettes par exemple. Je fais des « rondes de sécurité » pour m'assurer que tout va bien tout au long du parcours, c'est le côté sérieux. J'effectue également des « rondes de service », au cours desquelles je suis à la disposition des voyageurs pour toutes sortes de renseignements, par exemple sur des tarifs, des horaires, des cartes d'abonnement, c'est le côté souriant. Prendre le train, pour certaines personnes, c'est une source de stress, je suis là pour les rassurer. J'adore parler avec les gens, j'ai toujours un prétexte pour entamer la conversation. Ceux que je préfère, ce sont les enfants parce qu'ils nous tutoient spontanément mais aussi parce qu'ils sont curieux. Ce serait super que les gens reviennent à cette curiosité d'enfants pour comprendre ce que l'on fait, mais je n'en veux pas à ceux qui ne font pas cet effort.

L'entreprise n'est plus du tout celle que j'ai connue quand j'y suis entrée... Je parle déjà comme une vieille cheminote ! Aujourd'hui, nous avons tous des missions supplémentaires, ce qui rend tout beaucoup plus compliqué, beaucoup plus laborieux et beaucoup plus fatigant psychologiquement. Le déraillement qui a eu lieu à Brétigny-sur-Orge en 2013 est pour moi l'exemple flagrant de ces changements. C'est la ligne sur laquelle je travaille, j'aurais pu être dans ce train-là, c'est quelque chose qui nous a beaucoup marqués. Pourtant, on est très bons en sécurité, il y a toujours deux boucles de rattrapage pour vérifier les éléments d'un train. S'il y a une défaillance quelque part, il y a toujours une ou deux personnes qui passent derrière. Notre métier est déjà éprouvant physiquement parce que l'on travaille en horaires décalés, en découché, qu'on dort dans des foyers ou à l'hôtel chaque semaine. Sans compter les problèmes de sommeil, de prise de poids qui en rajoutent encore. Mais c'est aussi une façon de vivre sur d'autres temps que ceux de la société ; ce qui n'est pas si mal par certains côtés.

Quand je suis entrée à la SNCF, jamais personne ne voulait démissionner. Il y a quelques années, j'avais un chef qui est maintenant à la retraite. Il avait commencé à 16 ans à la SNCF, il balayait la gare d'Ivry-sur-Seine. Après, il avait passé les examens pour vendre les billets au guichet et, petit à petit, il était devenu cadre. Quand on a commencé comme ça, on est imprégné de l'entreprise, alors que maintenant, des gens qui sont là depuis dix, vingt ans veulent partir. À l'heure où on nous parle tout le temps de réchauffement climatique, des voies sont abandonnées, des rails sont retirés, on remet des camions sur les routes. Mais je continue à croire que le train a toute sa place pour faire face à ces problèmes. J'aime la SNCF et j'ai envie de me battre pour la défendre.

« C'est comme une grande famille »

Corinne, contrôleuse sur TGV ;
Bernard, contrôleur remplaçant sur TGV et TER

Bernard : Un jour, le TGV où j'étais chef de bord s'est arrêté sous la canicule du côté de Marseille alors que la climatisation ne fonctionnait plus. La chaleur à l'intérieur des voitures était insupportable. Dans ce cas-là, les passagers veulent sortir du train... On ne peut pas laisser les gens courir sur les voies, dans la nature ! La mission du contrôleur est de faire ce qu'il y a à faire pour qu'il n'y ait pas d'accidents de personne.

Corinne : L'image que les gens se font du contrôleur est celle de l'agent en casquette qui passe de voiture en voiture pour vérifier les billets : « Bonjour messieurs-dames. Contrôle des billets, s'il vous plaît... » En réalité, la vérification des titres de transport est la dernière tâche du contrôleur. Cette mission passe après la sécurité du train au départ et pendant le trajet. S'il y a un problème, c'est à nous de le gérer en gardant notre sang-froid en toutes circonstances.

Bernard : Au départ, le contrôleur actionne la fermeture des portes. Il s'assure que tous les équipements fonctionnent. En cas d'arrêt en pleine voie, il informe les voyageurs, les rassure, essaie de répondre à leurs interrogations. C'est lui qui intervient pour calmer un passager virulent ou même, puisqu'il est assermenté, établir des procès-verbaux en lien avec des infractions ou des délits.

Corinne : J'ai aussi été amenée à porter assistance à une personne malade, à une femme enceinte. Si le malaise que subit le passager est suffisamment sérieux, j'engage une procédure d'urgence : recueillir les renseignements indispensables à communiquer aux secours, procéder à une annonce sonore pour faire appel à un médecin qui se trouverait à bord et mettre à sa disposition la trousse d'urgence. Lorsque la situation le nécessite, l'agent chargé de la régulation du trafic indique par radio le lieu où les secours pourront intervenir. Dans tous les cas, le contrôleur peut être amené à effectuer les premiers gestes d'urgence. Il faut savoir que c'est le contrôleur désigné comme « chef de bord » qui est responsable du train et de ses passagers. Quand on est deux ou trois contrôleurs, il y a toujours un titulaire du train. En cas de problème, s'il n'a pas fait son métier correctement, c'est lui qui en répondra sur le plan pénal.

Bernard : Par exemple, si la procédure de départ n'est pas bien faite, il se peut qu'une porte reste ouverte. Dans ce cas, si un voyageur tombe, c'est le contrôleur qui sera poursuivi.

Corinne : Lorsqu'il y a un « accident de personne », c'est-à-dire, le plus souvent, un suicide sur la voie, c'est le chef de bord qui, en compagnie du chauffeur, se trouve en première ligne. Et si le conducteur, qu'on appelle notre « partenaire de sécurité », est trop choqué, c'est au chef de bord d'aller au corps pour voir si la personne est vivante ou non.

Bernard : Ça m'est arrivé à Batz-sur-Mer, par exemple.

Corinne : Et moi, à Angers...

Bernard : C'est une épreuve extrêmement traumatisante. Comme on ne peut pas savoir exactement comment ça s'est passé, il faut qu'un officier de police judiciaire se déplace pour ouvrir une enquête, que le médecin légiste vienne faire ses constatations. Le train est alors immobilisé pendant au moins deux ou trois heures.

Corinne : Et, pendant tout ce temps, nous ne devons pas montrer notre stress. Il nous faut répondre courtoisement aux passagers. Certains sont angoissés, d'autres excédés : j'en ai entendu dire : « Vous n'avez qu'à rouler dessus maintenant qu'il est mort, ça ne changera rien... »

Bernard : Dans le même temps, il faut protéger le train et les gens qui sont dedans parce qu'on est arrêté en pleine voie. Le chef de bord assiste alors le conducteur pour signaler l'accident et, en suivant une procédure très codifiée à connaître absolument par cœur, faire en sorte que la circulation soit stoppée dans les deux sens. En fait, sur le plan de la sécurité des passagers, on a un peu l'impression que la direction de la SNCF se défausse sur nous. Si quelque chose de grave se produit, on n'incriminera pas les règlements, ça va retomber sur le contrôleur ou sur le conducteur. C'est nous qui payons.

Corinne : En plus d'être courtois, compétents et vigilants, on nous demande donc d'être en pleine possession de nos moyens. Tous les trois ans, on va à Paris passer une visite médicale complète. On sait qu'à un moment, on ne sera plus aptes : on verra moins bien, on entendra moins bien, le cœur faiblira peut-être. On ne finira pas au train... C'est le cycle de la vie, quoi...

Bernard : Les meilleurs moments, c'est avec les collègues. Les gens se demandent pourquoi on est aussi solidaires. En fait, c'est très simple : on dort régulièrement loin de chez nous, on travaille à Noël et les Premiers de l'an. Alors on se retrouve avec des collègues, on passe les fêtes ensemble... Si un congé est refusé à quelqu'un, ou si, par exemple, il rate un mariage auquel il tenait et qu'il est déprimé, ce sont les collègues qui lui remontent le moral. Quand on arrive à Montpellier à 15 h 30 et qu'on n'en repart qu'à 16 h 30 le lendemain, on s'organise, on va visiter les environs, on mange ensemble le soir. On partage beaucoup de choses. C'est comme une grande famille.

Corinne : Ce qui a changé, c'est qu'on dort maintenant dans des hôtels où il n'y a pas la même ambiance que dans les foyers où l'on partageait les tâches. Par exemple pour une tournée en TER, on pouvait se retrouver à huit à table. La première équipe qui arrivait allait faire les courses, la deuxième cuisinait, la troisième débarrassait. On s'organisait, c'était collectif : chacun mettait sa part dans la cagnotte pour mitonner de bons repas. C'était convivial...

Bernard : On a aussi de bons rapports avec les gens qui aiment prendre le train ou qui le prennent souvent. C'est agréable de voir des voyageurs contents des tarifications TER mises en place il y a quelques années. Des familles entières profitent du billet de groupe du week-end pour aller du Mans ou d'Angers jusqu'à la mer par le train des plages... Quand il y a des problèmes, 90 % des gens vont nous dire : « On sait bien que ce n'est pas de votre faute. » Même si nous sommes les seuls à qui ils peuvent se plaindre quand il y a du retard.

Corinne : Ces problèmes de retard vont tout de même être de plus en plus compliqués. Lorsque tous les trains étaient gérés par la SNCF, le TER attendait le TGV si ce dernier n'était pas à l'heure pour assurer la correspondance. Maintenant que les TER appartiennent à la région, ils n'attendent plus. Le mot d'ordre, c'est « régularité ». S'il y a quelques minutes de décalage, tant pis pour les passagers qui devront patienter trois heures pour attraper le train suivant. Avec l'ouverture à la concurrence, ça ne va pas s'arranger...

Bernard : Ça ne pourra être que pire !

Corinne : Moi, parfois, j'en suis navrée. Quand mon TGV a un retard de cinq minutes à peine, j'appelle la gare de destination : « S'il vous plaît, patientez : j'ai des passagers pour vous. » Rien à faire ! Alors, j'ai honte de dire aux voyageurs que le TER ne veut pas les attendre.

Bernard : Et je ne parle pas des différences de tarifs qu'on doit faire payer quand quelqu'un qui devait embarquer dans un Ouigo est obligé de se rabattre sur un TGV classique. En tant que contrôleurs, on essaie de rester compréhensifs, mais on est tenus d'atteindre un certain nombre d'objectifs. Tout contrôleur doit vendre tant de billets, infliger tant d'amendes. Faute de quoi, il n'aura pas droit à la prime annuelle.

Corinne : Moi je suis toujours en dessous des chiffres, j'ai fait une croix sur la prime.

Bernard : Comme cette récompense est considérée par l'entreprise comme une augmentation de salaire – alors qu'elle n'est pas prise en compte pour le calcul de la retraite –, mon pouvoir d'achat n'a pas cessé de baisser depuis les années 1990. Et ça n'a pas amélioré la qualité du service...

Corinne : Mais on ne va pas baisser les bras. C'est collectivement qu'on changera les choses.

« Il faut s'y prendre avec le sourire »

Emma, cheffe de bord sur TER

Un fraudeur s'était caché dans les toilettes du TER avec son vélo ! Je lui ai demandé de sortir et, comme il n'y avait pas de régularisation possible, j'ai établi un procès-verbal.

La vérification des titres de transport est un aspect important de mon métier de contrôleuse. Mais je profite aussi de ce passage dans les wagons pour donner des conseils, des renseignements, gérer des problèmes de correspondances. Dans les cas de défaut de billet, il faut parfois parlementer avec des récalcitrants, comme avec cet autre voyageur qui ne voulait absolument pas payer. Finalement, j'ai réussi à lui faire entendre raison. Tout dépend de la façon dont on aborde les gens : il faut s'y prendre avec le sourire.

Il arrive évidemment que la situation se tende et que je doive appeler le poste d'appui. Cela m'est arrivé sur une ligne directe entre deux grandes gares. Peu après le départ du train, un passager a cru que je voulais le rendre fou. Il entendait des voix. Sans être menaçante, son attitude est devenue inquiétante et son délire se focalisait sur ma personne. À un moment donné, j'ai dû me retrancher dans ma cabine pour contacter les secours. Là, je l'ai entendu s'agiter derrière la porte, en proie à un comportement bizarre, complètement stressé.

Le PC sécurité m'a demandé de rester à l'abri. Mais je n'ai pas pu parce que je pensais à mes voyageurs. Je me suis dit : « Si je ne sors pas, il va péter un plomb. » Je n'aurais peut-être pas dû, mais je suis ressortie de ma cabine pour discuter avec lui. Je suis allée dans son sens, je lui ai souri, et j'ai réussi à le calmer. Deux voyageurs qui avaient vu ce qu'il se passait s'étaient rapprochés. Ils m'ont demandé si ça allait. C'était rassurant.

Le PC a finalement demandé au conducteur d'arrêter le train dans une gare secondaire tandis que les deux passagers restaient à proximité. Les gendarmes sont intervenus, ainsi que les pompiers. On a alors pu repartir sereinement vers notre destination.

L'attitude des passagers ne m'a pas étonnée. Je ressens souvent une sorte de solidarité. Quand le ton monte, des voyageurs me demandent : « Est-ce que vous avez besoin d'aide ? » C'est réconfortant parce que la responsabilité du contrôleur, chef de bord, est lourde. Et il est souvent seul.

J'aime pourtant beaucoup mon métier parce que c'est un métier de contact. Je trouve que les gens sont intéressants. Il peut y avoir des échanges très sympas. On peut parler de tout et de n'importe quoi. C'est un contact furtif avec des gens qui ne font que passer et que je croise pour aller à l'autre bout du train... Mais pendant un instant il y a un lien qui se crée, une complicité. Moi, ce qui me fait plaisir, c'est quand on me dit : « Merci, c'était un bon voyage. » Je voudrais préserver ça.

Chapitre 2

Ne pas s'emmêler les aiguilles

On les a d'abord appelés les « pieds fins ». Dans les postes des gares où ils travaillaient, pour aller plus vite d'un aiguillage à l'autre, les cheminots chargés de ce travail avaient muni un de leurs pieds d'un patin. Tous les aiguillages se faisaient à la main et au pied puisque leur fonctionnement était mécanique. Plus tard, les aiguillages ont été actionnés par des liens électriques. Les pieds fins sont devenus des « tourne-boutons ».

Aujourd'hui, les aiguillages de l'ensemble d'une ligne ferroviaire sont centralisés sur un seul poste. Les rails que doit suivre le train qui va par exemple du Havre jusqu'à Paris s'ouvrent et se ferment grâce à des commandes automatisées pilotées depuis la capitale. Sur le papier, le système est séduisant et presque magique. Dans la réalité, lorsque survient une panne, les délais d'intervention s'allongent car pour réparer il faut, la plupart du temps, être sur place. De ce fait, on ne compte plus les trains immobilisés pendant trois, quatre voire cinq heures... Pourquoi alors ne pas imaginer un pilotage des aiguillages qui, tout en bénéficiant des atouts des technologies informatiques, soit plus proche du terrain avec des capacités de réparation plus rapide en cas de panne ? Formuler ce souhait de bon sens, c'est oublier que ce système de pilotage par un poste unique prépare, de fait, la vente de chaque trajet à des opérateurs privés qui n'auront pas, du coup, à se référer à de multiples postes d'aiguillages échappant à leur mainmise pour exploiter leur ligne.

« Un cheminot qui court, c'est un cheminot qui va faire une connerie »

Sylvain, aiguilleur, guichetier et chef d'escale

« Celui-là, avec son sifflet sur le quai, il a un métier tranquille, il siffle un coup et ensuite, il retourne dans son bureau. » Avant de rentrer à la SNCF, c'est la réflexion que j'entendais de la part des utilisateurs qui, comme moi, prenaient le TER au quotidien. J'avais des amis à la SNCF qui m'avaient expliqué les coulisses. Je savais que c'était plus compliqué !

Il y a beaucoup de tâches de sécurité que les gens n'imaginent pas. Dans la petite gare où je travaille, je m'occupe un peu de tout : d'abord l'aiguillage, mais aussi la vente des billets, le service d'escale, c'est-à-dire la présence sur le quai à l'arrivée et au départ des trains, avec le fameux sifflet. Les habitués me connaissent. Quand il y a un incident, j'ai le temps de donner des explications, c'est mieux que l'annonce préenregistrée au haut-parleur. Ça permet aussi de faire comprendre un peu la complexité de ce que j'ai à faire, ça fait passer beaucoup de choses. Un dimanche après-midi, par exemple, un étudiant venait acheter son abonnement pour la semaine. Pendant que je m'occupais de lui, j'ai dû m'interrompre pour faire passer un train depuis le poste d'aiguillage qui se voit depuis le guichet. Il m'a demandé ce que c'était. J'ai pris dix minutes pour le faire entrer et lui montrer. Il était très surpris que ce soit moi, dans ma petite gare de campagne, qui aie la main sur la direction qu'allait prendre le train. Les gens pensent parfois que c'est le conducteur qui choisit sa direction. Sauf que la conduite d'un train n'a rien à voir avec celle d'une voiture ou d'un camion ! Une personne m'a demandé un jour : « Quand il y a trop de neige, que le conducteur ne voit plus les rails, comment fait-il avec le volant pour suivre la voie ? »

Pour les voyageurs, la gare, c'est le bâtiment et les quais. Pour moi, c'est aussi un secteur de deux kilomètres et demi environ, d'un aiguillage à l'autre. Nous sommes gare de bifurcation, avec deux directions à donner. Il faut envoyer le bon train au bon endroit : ne pas envoyer le TGV à Mâcon plutôt qu'à Genève, et surtout pas les trains de fret sur une voie TGV ! Il y a quelques années, nous nous sommes retrouvés avec un train dirigé sur une voie alors que la tension électrique était incompatible, il était complètement planté, une belle galère ! Moi, par deux fois, je ne suis pas passé loin d'une grosse gaffe... dont l'une au cours de laquelle c'est le conducteur qui s'est rendu compte de mon erreur à partir des panneaux de signalisation. Il s'est arrêté et m'a appelé : « Qu'est-ce que tu fais ?! »

Quand tout va bien, le métier n'est pas très compliqué : tourner l'aiguillage à temps pour le bon train, c'est vite fait. Par contre, quand il y a un incident, c'est surtout dans le poste d'aiguillage que ça turbine, et ça ne se voit pas de l'extérieur. Je peux avoir à arrêter tous les trains dans le secteur, fermer les bons signaux, passer des appels radio, couper l'électricité sur les caténaires. Ensuite, suivre toutes les procédures en fonction de l'incident, faire intervenir qui de droit, décider de laisser passer les trains en plafonnant la vitesse, voire même, leur demander de rouler au pas, gérer les conséquences sur les retards, etc. Il ne faut pas traîner... mais sans se précipiter ! C'est un truc de vieux cheminots que j'ai bien en tête : quand tu as un incident, on dit que la première chose à faire, c'est s'éloigner du poste de commande et se rouler une cigarette... Un autre adage qu'on répète beaucoup en formation : « Un cheminot qui court, c'est un cheminot qui a fait ou va faire une connerie. » Et ça se vérifie ! Quand on commence à cavaler dans tous les sens, c'est mal parti...

J'ai aussi en tête que si ça tourne mal, la première étape de la procédure judiciaire sera de saisir tous les documents que l'on doit compléter à chaque décision durant l'incident. C'est ce qu'on appelle le « système des dépêches ». Tout est écrit. J'ai un carnet avec des lignes numérotées. Chaque fois que je fais quelque chose, que je dis quelque chose à quelqu'un, je le note : je donne le numéro de la ligne du carnet correspondante, et lui me donne le numéro de la sienne pour tracer l'échange. Je fais aussi un bulletin d'ordre pour le conducteur, avec les indications sur les différentes vitesses à respecter tout au long de l'itinéraire. Si le train est en gare, je le remets au conducteur directement de la main à la main, je le remplis soigneusement, et le conducteur relit plutôt deux fois qu'une. Tout le monde prend cette procédure très au sérieux. Quand j'ai eu un incident dans la journée, ça me colle parfois de vrais coups d'angoisse. Une fois, un passage à niveau ne s'ouvrait plus : je sais que, dans ce cas-là, le risque est que l'automobiliste s'impatiente et force le passage. J'ai donc donné l'ordre aux trains de rouler avec prudence sur une partie de l'itinéraire. En rentrant, j'étais persuadé de m'être trompé sur le kilométrage pour le dernier train. J'ai passé une sale soirée ! Le lendemain j'ai vérifié : ouf, j'avais mis les bonnes indications. Si je me trompe, que le train a repris sa vitesse et qu'il y a un accident, c'est pour moi... Même avec l'ancienneté, nous faisons tous des rêves de boulot. Le train qui déraille, les incidents en gare, j'en ai eu beaucoup dans mes cauchemars ! Plus qu'en vrai !

Quand on prend le poste, celui qui part remet le service à celui qui arrive, et on signe tous les deux. Comme ça, il n'y a pas à chercher le responsable en cas de problème. Moi, ça me va très bien. J'ai connu la vie de bureau : il y a un problème avec ce client, à qui la faute ? Et on se crêpe le chignon. Là c'est simple : tu as signé, c'est toi. Je me souviens très bien de mes premières journées en poste : ça y est, tu finis ta formation, tu signes la prise de service, et maintenant tu es tout seul. Ça fait neuf ans ; je n'ai pas oublié. Ce jour-là, il ne s'est rien passé, mais il n'y avait personne avec moi. Il fallait gérer !

« Un plan de transport, c'est vivant »

Christian, aiguilleur

Quand j'arrive dans mon poste d'aiguillage, une fois que le collègue qui me précède est parti, j'étudie le plan de transport de la journée, je vérifie s'il n'y a rien de particulier. Il peut y avoir des convois exceptionnels, des trains qui n'ont pas le droit d'en croiser d'autres. Tous les jours, je reprends les trains de la journée dans l'ordre théorique de passage : ils sont censés se croiser à telle heure, à tel endroit... Je note la succession des trains, leur numéro, leur horaire de passage à un point donné. Tel train de voyageurs, par exemple, passe avant ou après un train de marchandises en fonction de sa vitesse. Je ne vais pas mettre un train qui roule à 130 km/h derrière un train qui roule à 90.

Devant moi, j'ai une trentaine de boutons qui me permettent de faire tous les itinéraires possibles, un grand tableau lumineux schématisé avec toutes les voies de mon secteur de circulation. Pour chaque tronçon, la lampe est au rouge quand il est occupé par un train, au blanc quand il n'y en a pas. En plus de ça, tous les aiguillages sont matérialisés par une lampe qui précise de quel côté est tournée l'aiguille.

Enfin, des indicateurs lumineux donnent la position et l'état de fonctionnement des feux, des panneaux de signalisation articulés et de toutes les installations. Quand je mets en place un itinéraire, je dois suivre trois étapes. La première, c'est la commande : j'appuie sur le bouton. Ensuite, je forme l'itinéraire : tel aiguillage va aller à droite, l'autre à gauche. Je vérifie qu'entre les deux, les panneaux sont sur la position « ouvert ». Pour terminer, le panneau « origine » de l'itinéraire s'ouvre. Un beau panneau vert. Là, toutes les conditions sont réunies pour que ça fonctionne. Et quand le train passe, je le valide. Aujourd'hui, au lieu de noter l'heure de passage à la main, je double-clique sur un logiciel qui s'appelle Oléron, et c'est stocké dans l'ordinateur. Il est important qu'on puisse retouver l'information qui indique que ce train est passé à Givors-Ville. Mais, quand l'informatique ne marche pas, je suis content de revenir au papier.

Pour chaque itinéraire, j'ai de grands dépliants pleins de cases avec des croix, des machins qui détaillent toutes les conditions d'ouverture pour chaque panneau. Si je reçois l'appel d'un conducteur qui me dit qu'il est en panne entre Givors et Rive-de-Gier, j'analyse la situation. Faut-il arrêter tous les trains de la zone ? Demander au régulateur de ne plus envoyer de convoi derrière celui qui est immobilisé ? Le but est d'organiser la circulation en amont pour éviter que ça coince, et de respecter un maximum de régularité pour les trains de voyageurs et pour les trains de marchandises. Car, dès qu'il y a un train qui s'arrête, ça crée un bouchon. Et il ne faut pas longtemps pour que ça remonte jusqu'à Paris ! De Givors à Saint-Étienne, les deux voies sont circulables dans les deux sens. On va donc pouvoir faire passer des trains sur la voie d'à côté, les envoyer sur une voie en impasse ou bien encore sur une voie en garage où ils attendent la reprise du trafic. Ensuite, il faut dépanner la locomotive. Le gestionnaire des moyens sait quel engin moteur disponible est compatible avec celui qui est en panne. Il peut décider d'amener un train à côté et de transborder les voyageurs pour les acheminer plus loin. Une fois, ça m'est arrivé. Les gens ont été bloqués deux heures dans le train avant qu'on puisse les transborder.

C'est le conducteur qui est mon interlocuteur en cas de problème, et le contrôleur est là pour l'épauler. Mais, s'il n'y a pas de contrôleur dans le train, le conducteur doit faire l'inspection du train tout seul, vérifier s'il a eu une avarie. Au lieu de résoudre le problème en dix minutes, il faut alors compter une demi-heure. De plus, lorsqu'il y a transbordement des passagers d'un train à l'autre, l'opération est assurée par le contrôleur. En son absence, un agent d'astreinte, qui vient de Lyon, est appelé en renfort ! Parfois, le gars est là en un quart d'heure. Mais les équipes d'astreinte se réduisent de plus en plus. Elles viennent parfois de Saint-Étienne ! Bientôt leur périmètre d'intervention atteindra les deux cents kilomètres. Il est évident que le service n'est pas le même si une astreinte vient en un quart d'heure ou s'il lui faut une heure pour arriver...

Un plan de transport, c'est vivant ! Ça se modifie selon les aléas que sont les obstacles sur la voie, les événements inattendus... ou les failles d'un système de sécurité pourtant très sophistiqué. Il faut savoir par exemple que, lorsqu'un train se déplace sur un tronçon, il agit comme un connecteur qui établit le contact entre les deux rails. L'impulsion électrique ferme alors automatiquement le feu qui commande l'entrée dans cette zone. Depuis mon poste d'aiguillage, je vois donc qu'il y a un train sur tel ou tel tronçon. Mais, parfois, la voie « pense » qu'il y a un train alors qu'il n'y en a pas. Dans ce cas, il faut que je fasse quand même passer le train qui arrive en expliquant au conducteur que, malgré le signal qui indique le contraire, il n'y a pas d'autre train sur la voie. Puis je dois réussir à supprimer tous ces enclenchements électriques qui m'empêchent d'envoyer des convois sur la zone.

Mais je ne passe pas mon temps à résoudre des anomalies. Une partie de mon travail se résume, en fait, à un petit train-train quotidien : un peu de lecture réglementaire, de la mise à jour de documents, ça me prend dix minutes, un quart d'heure. Je regarde les travaux à venir ou en cours et ensuite, c'est la solitude : huit heures sans avoir le droit de sortir du poste. Je ne croise que celui qui me précède et celui qui me suit. Il peut se passer quinze jours sans que je ne rencontre personne d'autre, sauf parfois le gars du courrier. J'écoute la radio, je lis le journal, on se téléphone entre postes et on attend que ça se passe. Dans les moments où il n'y a rien à faire, mon métier est monotone. Je n'ai jamais autant lu de livres que depuis que je suis en poste d'aiguillage ! Mais lorsque les trains s'annoncent, il faut répondre présent et ne commettre aucune erreur. Quand je tourne un bouton, j'ai trois cents vies entre les mains.

Derrière les trains qui roulent, il y a des gens qui ne dorment pas la nuit, ou qui se lèvent très tôt, même le dimanche, toute l'année, pour régler la circulation des convois et veiller à la sécurité. J'en tire une certaine fierté. Ma place est importante parce que le bon fonctionnement du trafic ferroviaire dépend directement de mon travail. Et, quand il y a un incident, quel qu'il soit, personne ne me dicte les décisions à prendre.

« Dès 3 h 30, je suis à mon poste »

Gérald, agent dans une gare de fret

Chaque matin, je sais que le Fos arrive à 4 h 33. Ensuite, ce sera le Rennes à 7 heures, puis le Havre à 8 h 30. Ce sont des trains de fret qui roulent principalement la nuit puisque, le jour, les voyageurs sont prioritaires. Le train de 4 h 33 a quitté le port de Fos sur les coups de 21 heures. Il est remonté jusqu'au triage de Miramas. Là, le conducteur qui est parti de chez nous dans l'après-midi, et qui a ramené le train précédent vers le sud, est remplacé par un autre conducteur qui va rouler toute la nuit dans l'autre sens. Tôt le matin, donc, le convoi entre en gare de Vénissieux où se trouve l'agence de la société de fret où je travaille. C'est là que je récupère les trains qui viennent du sud pour les envoyer dans le nord et tous ceux qui viennent du nord pour les renvoyer vers le sud. Il faut impérativement une base au milieu parce qu'il est impossible de faire Fos-Le Havre en une seule journée.

Dès 3 h 30, donc, je suis à mon poste. Lorsqu'un train de fret que nous devons traiter est annoncé, la direction des opérations terrestres le dirige vers des voies qui nous sont dédiées. C'est là que j'entre en action. Suivant les indications du responsable du terminal, j'envoie les wagons sous tel ou tel portique pour que les containers soient déchargés et placés sur les camions, ou pour que soient chargés les containers apportés par d'autres camions.

L'après-midi, quand je ne suis pas de l'équipe du matin, je viens récupérer les wagons qui se trouvent sous les portiques. Le responsable m'indique, par exemple, que pour faire le train de Fos, il faut une rame entière. Ça représente trente-trois wagons que j'accroche les uns aux autres grâce au crochet d'attelage de l'un que je serre sur la maille de l'autre à l'aide d'une manivelle. Parfois, j'y ajoute des wagons supplémentaires que je vais piocher dans notre réserve. Ce nouveau train peut s'étirer sur à peu près six cent cinquante mètres. Il va alors être garé sur les grandes voies le long du quai où des grues mobiles pourront circuler pour terminer les chargements et les déchargements.

Une fois que notre conducteur de manœuvre a mis le train en place sur une voie avec sa motrice diésel, on va lui demander de « freiner les wagons ». Cela signifie qu'on va faire un essai de freins : on appelle ça « serrer ». Si on est trois agents, on se répartit le train et on vérifie que chaque semelle de frein serre et desserre bien l'essieu. S'il manque une semelle et que la société qui les change n'est pas sur place, on laisse le wagon partir tel quel parce que, sur les quatre essieux que compte le wagon, il y aura quand même trois autres semelles qui freineront à quatre bars de pression. C'est cette pression, inscrite sur le bulletin de freinage, que le conducteur indiquera au régulateur de trafic. Mais si le défaut concerne des organes de roulement ou le système de freinage, la seule chose que je peux faire, c'est de rendre le wagon « inopérant » : je vais l'isoler. Cela veut dire que, quand le conducteur demandera de freiner ou de défreiner, le wagon ne fera rien, il laissera passer l'air comprimé qui actionne les freins des autres wagons... Nous, tout ce qu'on peut réparer, ce sont les supports qui permettent de faire tenir le container, pour l'empêcher de se promener sur le wagon.

Mon autre fonction, c'est « agent formation ». Ce travail consiste à vérifier tout ce qui a été fait sur le train. Je dois respecter plusieurs étapes qui m'autorisent à le laisser partir sur le Réseau ferré de France (RFF) : vérifier que les lanternes de queue sont bien en place et émettre sur notre intranet le bulletin de freinage qui est composé d'un numéro de marche propre à ce train. Par exemple, le Vénissieux-Fos, c'est le n° 52/532. Quand le régulateur verra le train, il pourra consulter les renseignements que j'ai notés sur le bulletin : sa vitesse d'envoi ; si c'est un train de marchandises ou un train qui freine comme un train de voyageurs ; le nombre de wagons qu'il emmène avec lui, ainsi que le nombre de machines électriques qui servent à le tracter ; la longueur totale de la rame, avec tous les wagons ; le poids en tonnes des wagons, machines de manœuvre, et machines de ligne. Avec ce poids, on sait qu'un train lancé à 100 km/h avec 1 500 tonnes de charge mettra un kilomètre pour s'arrêter à partir du moment où le conducteur aura tapé sur le bouton de freinage d'urgence. Donc je contresigne ce calcul final sur le bulletin. Cela signifie que j'ai bien pris acte de mon travail. Une fois rempli sur papier, je recopie le bulletin sur ordinateur. Comme ça, il ne peut pas y avoir d'oubli. Quand le conducteur de ligne se présente avec sa machine électrique pour partir avec le train, je lui remets le bulletin de freinage sur lequel est également noté ce qu'il doit faire sur son train. Par exemple, le Vénissieux-Fos doit passer à Loire-sur-Rhône à une heure précise, ou encore, il doit s'arrêter en Avignon pour laisser passer les trains de voyageurs qui roulent sur les mêmes lignes.

Le monde du rail, c'est quelque chose qui m'a toujours plu. Je rêverais de conduire les diesels de manœuvre, ce qu'actuellement je ne suis pas autorisé à faire. À défaut d'atteindre la Manche ou la Méditerranée, je pourrais faire circuler des trains dans la gare de Vénissieux et même les emmener jusqu'à La Verpillière ou à Saint-Fons qui sont dans son périmètre... En tout cas, j'ai conscience que mon travail à l'agence de fret rend un service indispensable. C'est en partie grâce à moi que les containers arrivent en temps et en heure au port du Havre pour qu'ils soient chargés sur les porte-containers, ou qu'ils parviennent dans de bonnes conditions chez les clients depuis Fos-sur-Mer.

« Ça s'est bien passé, jusqu'à la prochaine fois »

Frédéric, agent de manœuvre fret

Ce matin, un train de trente-cinq wagons est arrivé de Miramas avec un conducteur de ligne. Quand il est parvenu au triage de Fos je suis monté avec le conducteur. Et on est descendu livrer chez ArcelorMittal, Ascometal, Arco Chimie, Esso, DPF (Dépôts pétroliers de Fos). Parfois, on va jusqu'au site pétrochimique de Martigues, tout à l'est du site du Grand Port maritime de Marseille, on y dessert Naphtachimie ainsi que BP et Geogaz pour qui on forme des trains d'essence ou de gaz. À Fos, on traite une vingtaine de trains par jour, à Martigues, c'est une douzaine. À l'ouest, le site de Port-Saint-Louis travaille essentiellement sur des trains de conteneurs dont une demi-douzaine part chaque jour vers Toulouse ou Lyon.

Ce train qui venait de Miramas est ce qu'on appelle un « train de desserte ». Les clients chez qui j'ai acheminé les wagons disposent d'installations terminales reliées au réseau. Sauf qu'en l'occurrence, chez l'un de ces « embranchés », il n'y avait personne pour m'aider. J'ai dû me débrouiller tout seul avec la mission de récupérer des wagons alors que je n'avais pas les contrats de transport. Dans ce cas, la règle est stricte : sans ces documents, le wagon ne circule pas. Il a fallu appeler la direction de l'entreprise. Parfois des wagons sont dans un tel état qu'on ne peut pas les récupérer. Il manque des semelles de freins, il y a des tringleries du système de freinage cassées. À nous de prendre la décision de ne pas accepter les wagons défectueux que je sors alors du convoi si l'installation terminale embranchée le permet. Sinon, le train est immobilisé. Quand j'arrive à 4 heures du matin sur un site dont l'équipe ne prend le travail qu'à 8 heures, je peux refuser le train pour un seul wagon non conforme. Ça fait réfléchir !

Quand je ne suis pas sur un train de desserte, je reste au poste de triage de Fos-Graveleau pour traiter les convois qui entrent sur le faisceau d'échange. Un locotracteur à moteur thermique, piloté par un conducteur chargé des manœuvres, prend les wagons tandis qu'un agent au sol, parfois deux, les regroupent par lots. Ces lots finissent par former les trains qui vont être dirigés vers tel ou tel embranché où ils sont déchargés ou chargés par les personnels des entreprises concernées. Tous les wagons sont ensuite récupérés par l'engin moteur et ramenés à Fos où ils vont être à nouveau triés pour former les trains qui vont livrer dans toute la France. Mais, avant qu'ils ne partent, c'est à nous de réceptionner les machines qui vont tirer les convois sur le réseau national, et d'effectuer la visite du train pour s'assurer de sa conformité au départ. On regarde les essieux, les freins, dont on doit savoir changer les semelles, les roues, tout ce qui est suspension, tout ce qui est en bas de la caisse, plus le chargement. De son côté, l'agent qui conduit le locotracteur doit être au courant des réglementations propres à chacune des entreprises qui entourent la gare et respecter les limitations de vitesse qui varient selon les circonstances : une voie de circulation est limitée à 20 km/h, celles où sont effectués les chargements sont limitées à 6 km/h. Mais elles sont contiguës... On n'est jamais à l'abri d'une erreur.

La tâche des agents du fret était, traditionnellement, de s'occuper exclusivement du triage des wagons et de la formation des trains. Or, depuis deux ou trois ans, la direction de Fret SNCF a décidé de demander aux agents de faire plusieurs métiers à la fois. C'est ainsi que les visites de train qui étaient assurées par le personnel du service matériel, dont l'habilitation était délivrée à la suite d'une formation de neuf à douze mois, sont désormais effectuées par n'importe quel agent après seulement deux mois de formation. Avec de moins en moins de personnel dans les gares, tout cela devient très compliqué. Ne sachant pas ce que l'entreprise très endettée va devenir, écrasés par les responsabilités et par la charge de travail, beaucoup de mes collègues finissent par être débordés, tombent malades, sont sujets à des dépressions ou même quittent la SNCF. On fait ce qu'on peut avec la formation qu'on a reçue. Mais, pressés par les horaires à tenir, tributaires d'entreprises qui nous rendent parfois les wagons avec du retard, il arrive souvent qu'il ne nous reste que trois quarts d'heure, voire une demi-heure pour tout contrôler, au lieu des deux heures dont nous avons normalement besoin. Alors, effectivement, ça part parfois avec un petit peu de retard. Parce qu'on ne peut pas faire autrement. Et, forcément, il doit bien y avoir des anomalies qui échappent à notre vigilance.

Il y a trois ou quatre ans, sur le site de Martigues, j'allais faire un train de gaz au départ, sur le faisceau d'échange. À cinquante mètres de là, il y a eu une explosion dans une entreprise. Malheureusement, il y a eu une victime qui est décédée sur le coup. Je peux vous dire que, sur un site où se côtoient les usines classées Seveso [1], on n'en mène pas large... C'est un contexte particulier, le golfe de Fos ! Quand vous partez le matin, vous savez où vous allez. Le soir, quand vous sortez de huit heures de travail, après une journée bien remplie, vous avez le sentiment que le boulot a été fait et que ça s'est bien passé, jusqu'à la prochaine fois...

Pour moi, quand même, le fret, ça reste un beau métier, c'est l'avenir de l'Europe. Je préfère que les marchandises circulent sur train. Quand je pars en voiture en vacances, j'aime bien ne pas croiser de camions. À Fos, nous sommes bien placés parce que nous faisons quand même 12 % du trafic fret national. C'est énorme. À une époque, quand une entreprise qui se créait avait besoin de faire partir dix wagons par semaine, Fret SNCF refusait qu'elle envoie deux wagons chaque jour, il fallait un minimum de dix wagons à la fois. Alors, l'entreprise passait par la route. Maintenant, on recommence à accepter des lots de deux wagons. Pour les équipes au sol et pour les manœuvres, ça demande davantage de manipulation. Est-ce le prix à payer pour confirmer la hausse du trafic constatée depuis deux ou trois ans et pour obtenir que la direction cesse de sabrer

1. Réglementation européenne qui classe la dangerosité des sites industriels suivant la quantité de substances dangereuses utilisées.

les effectifs et nous accorde plus de moyens, plus de considération ? Est-ce qu'il y aurait un petit espoir ?

Samedi matin, sur Fos, j'ai fait trois trains de 3 200 tonnes en une matinée. Ça fait trois réceptions, et trois trains au départ. Vous vérifiez tout, vous faites les freins en même temps, vous repartez, vous revenez au poste, il y a un autre train qui arrive à côté. Vous changez de voie, vous remontez dans la machine et ainsi de suite. C'est une course quotidienne. Les gens ne s'en rendent pas compte.

« Il ne faut pas tergiverser »

Sébastien, agent de réserve à la circulation

Il y a cinq ans, je travaillais au poste d'aiguillage de la gare de Donges. Cette gare est située sur la ligne Nantes-Le Croisic qui traverse carrément la raffinerie de pétrole. J'avais pris le service vers 4 heures du matin et, au passage du premier train, j'étais en écoute sur le canal radio du site de raffinage. Tout à coup, j'entends : « Il y a un problème sur une unité de production. Et il y a un train qui passe ! Vous n'avez pas demandé l'arrêt de la circulation ? » Le temps que la raffinerie déclenche le plan d'urgence, il y a un deuxième train qui arrive. Celui-ci s'arrête. Et là, j'entends à la radio : « Putain, faut stopper les trains ! Il y a une fuite juste à côté de la voie ! »

À la moindre étincelle, c'était l'explosion : il n'y avait plus de raffinerie... Au départ de ce second train, j'ai entendu les mecs qui hurlaient : « Planquez-vous ! Tous à terre !!! » Mais ce n'était pas le moment, pour moi, de me mettre à l'abri... C'est juste après qu'ils m'ont appelé pour me dire d'arrêter la circulation. Je leur ai répondu que c'était fait, que j'avais bloqué les trains à Saint-Nazaire et à Savenay et que j'attendais que le dernier convoi se soit éloigné pour couper les caténaires. On a aussitôt lancé le « plan d'opération interne », et j'ai demandé la coupure d'urgence pour qu'il n'y ait plus d'électricité dans les caténaires. À ce moment-là, j'avais déjà préavisé les astreintes et je suis resté à mon poste jusqu'à midi sans voir personne.

Il faut savoir qu'à l'origine, les installations de la raffinerie avaient été implantées entre la ligne SNCF et la Loire. Puis elles se sont étendues de l'autre côté des voies, si bien que le poste d'aiguillage est maintenant carrément dans la raffinerie. Or, on a vu, en 1972, ce que donnait l'explosion d'un pétrolier avec le *Princess Irène* qui avait simplement ballasté ses cuves vides pendant un orage. Un monument a d'ailleurs été érigé en mémoire des six victimes. En cas d'accident majeur dans la raffinerie de Donges, compte tenu de la proximité des usines de Paimbœuf, du terminal méthanier et des usines chimiques de Montoir, tout est rayé de la carte jusqu'à l'embouchure de la Loire.

Ce jour-là, mes chefs ont pris de mes nouvelles par téléphone depuis Savenay et Saint-Nazaire, à l'abri de tout risque d'explosion. Et, le lendemain, ils sont venus me contrôler : « Tiens, tu as oublié ça dans la procédure. » Là, je n'ai pas eu peur de leur dire : « Vous étiez bien planqués dans les gares encadrantes, vous n'êtes pas venus m'aider. Ne venez pas me chercher sur la procédure ! »

Le poste d'agent de circulation est un poste plutôt calme, mais lorsqu'il y a des décisions à prendre, il ne faut pas tergiverser. Ce n'est pas seulement une vie, c'est la vie de beaucoup de personnes qui est alors en jeu. Une fois que le plus urgent a été fait, il est recommandé d'« aller se rouler une clope » pour se calmer un peu. Il vaut mieux que les nerfs descendent avant de poursuivre les démarches réglementaires internes à la SNCF : alerter les responsables, prendre les dispositions qui découlent de la situation, rédiger tous les PV et les inévitables rapports. Non seulement l'agent de circulation doit être très carré dans les procédures, mais il est primordial qu'il sache garder son calme.

« Depuis le bureau, on regardait les leviers »

Serge, agent de circulation à la retraite

Dans les postes d'aiguillage – je veux parler des grands postes surélevés qu'il y avait encore dans les gares il y a trente ans –, la situation normale, c'était : quelques leviers renversés, tous les autres debout. C'était la position de départ. Un coup d'œil : « C'est bien le cas ?... Ça va. » Et puis, en fonction des trains qui arrivaient, et suivant la voie vers laquelle ils allaient, on avait notre petite gymnastique. Depuis le bureau, on regardait les leviers. « Hop, toc, toc, c'est bon... » Il y avait là une quarantaine de leviers alignés dans une grande pièce vitrée qui surplombait les voies. Ça ressemblait à tout ce que les gens ont pu voir dans les films et qui est resté dans leur imaginaire.

Tous ces leviers se manipulaient dans un certain ordre. Il ne s'agissait pas, par exemple, de tourner une aiguille alors qu'un train pouvait arriver dessus. Pour bouger une aiguille, il fallait que les signaux soient fermés. Donc on fermait d'abord le signal, puis on manipulait l'aiguille. Ce n'est qu'une fois que l'aiguille était tournée qu'on pouvait rouvrir le signal. Pour ça, il y avait ce qu'on appelait une « table d'enclenchement mécanique », c'est-à-dire des tringles avec des encoches, qui faisaient qu'on ne pouvait pas tourner l'aiguille si le signal n'était pas fermé. Il n'y avait pas moyen de se tromper, sauf si, accidentellement, la tringle se rompait. C'était ce qu'on appelait une rupture d'enclenchement. Mais c'était un accident rarissime qui a pu arriver dix fois peut-être en quatre-vingts ans sur l'ensemble du territoire. Les signaux n'étaient autres que de grandes tôles carrées qui pivotaient ou des bras qui faisaient sémaphore. Le levier entraînait le câble et faisait qu'à cinquante mètres ou deux cents mètres plus loin, le signal changeait de position pour indiquer par exemple si la voie était libre ou non.

La manœuvre des leviers de signaux était souple, mais on devait se servir de ses deux mains pour les manipuler parce qu'il y avait une sécurité à enclencher. Les leviers d'aiguille étaient plus durs parce que, pour faire bouger une aiguille qui est loin, il fallait actionner un câble qui courait le long de ses gaines et de ses poulies, ou bien des tringles articulées, avec des coudes et des relais. Au pied du poste, il y avait notamment une traversée double, c'est-à-dire un X composé de quatre aiguilles. Celle-là, il fallait forcer un peu pour la manœuvrer. Si ça ne venait pas, 99 fois sur 100, c'était de notre faute. Soit parce qu'on prenait le mauvais levier : une erreur d'inattention, c'était celui d'à côté... Ou bien on avait oublié de relever d'abord un autre levier, ce qui faisait que, par le jeu des enclenchements, le premier ne venait pas. C'était de la mécanique. Quand il y avait une erreur, il suffisait de regarder et on la trouvait immédiatement.

Dans le poste qui commandait la circulation des trains sur les voies principales, l'agent avait une double fonction :

agent-circulation et aiguilleur. Il réglait, d'autorité, la circulation dans les limites de la gare. Au-delà de ces limites, il agissait en concertation avec les agents des gares voisines. Dans ce poste, des voyants lumineux, sur un grand panneau, lui permettaient de vérifier que les signaux ou les appareils de voie avaient obéi à sa manœuvre, et que le parcours à emprunter était protégé. Le risque : donner accès à deux trains qui auraient pu entrer en collision à l'intérieur de la gare ou sur les tronçons qui menaient, d'un côté ou de l'autre, vers les stations voisines. Les leviers, il s'en servait en tant qu'aiguilleur pour tourner les appareils de voie : les aiguilles, les taquets et les signaux mécaniques.

Il y avait aussi un autre poste d'aiguillage dans lequel les agents avaient pour tâche d'autoriser l'accès des trains de maintenance ainsi que celui des trains de fret. Ils étaient chargés de trier les wagons sur les voies dont les appareils étaient – et sont encore – manipulés à pied d'œuvre, sur le terrain. Sur ce poste, les gars décidaient du parcours des convois suivant le plan des voies de la gare de triage, mais ils ne disposaient d'aucun moyen de manipulation ni de contrôle à distance. Ils ne descendaient pas non plus pour tourner les aiguilles. C'étaient des agents de manœuvre qui, par délégation, étaient chargés de faire en sorte que les aiguilles soient dans la bonne position. Ça se passe d'ailleurs toujours comme ça aujourd'hui pour le triage, même après la disparition des deux postes d'aiguillage qui ont été remplacés par celui qui existe maintenant.

Dans les nouveaux postes, c'est de l'électricité, c'est de l'invisible. Maintenant, quand il constate qu'un signal ne s'est pas ouvert, l'agent de circulation a pour premier réflexe de détruire l'itinéraire qu'il vient de tracer et qui ne s'est fait qu'en partie, et de recommencer. Si ça ne marche toujours pas, il doit, comme auparavant, se référer aux consignes réglementaires : de grandes feuilles de papier qui, pour chaque itinéraire, détaillent quels sont les signaux et les aiguilles à actionner. Mais là où, autrefois, on pouvait mettre à peine trois minutes pour résoudre le problème, à partir de 1986, il a fallu prendre un quart d'heure parce que l'électricité travaille dans notre dos et qu'il faut prendre des assurances sur ce qu'elle fait ou qu'elle ne fait pas. Il faut tout décomposer : est-ce que cette aiguille est dans la bonne position ? Et celle-ci ? Et celle-là ? Et ce signal ? Etc. Tant que ça fonctionne, c'est bon. Mais, au moindre dysfonctionnement, ça prend plus de temps. Depuis les années 2000, c'est l'informatique qui progresse. Et là – rappelons-nous les incidents de Paris Montparnasse, pendant les étés 2017 et 2018 –, s'il y a un bug, c'est la panique... Il faut tout arrêter.

À l'époque où j'étais encore en activité dans le nouveau poste d'aiguillage électrique, il y a eu, un jour, une extinction totale du panneau de contrôle. On n'avait plus aucune assurance sur ce qui était ouvert ou fermé. Il a donc fallu désolidariser tous les appareils de la commande électrique, au cas où l'alimentation serait revenue. L'enjeu était de rester maîtres de nos installations. Ensuite, en cheminant, nous sommes allés nous assurer que toutes les aiguilles, le long des voies que le train devait emprunter, étaient dans la bonne position et allaient le rester, et vérifier qu'il n'y avait aucun autre accès à cet itinéraire à partir des voies adjacentes. Tout ceci au moyen de jeux de clés, plus ou moins importants selon les itinéraires.

Là où, autrefois, le problème pouvait se résoudre avec plus de personnel et moins de circulation, la désertification des gares, l'augmentation du trafic et la complexification de la technologie placent les cheminots dans des situations de pannes interminables. La résolution ne prend plus le même chemin qu'avant et les outils sont différents. Si on veut faire une comparaison, quand ma 4L tombait en rade, j'ouvrais le capot, je prenais la clé de 12 pour démonter le carburateur et je soufflais dans la buse. Maintenant, pour changer une ampoule, il faut passer au garage. Toutes proportions gardées, c'est évidemment bien pire pour ce qui concerne la circulation des trains. Avec le changement de technologie, on peut dire qu'il y a des choses qui nous ont échappé.

Il faut tout de même admettre que, du temps des commandes mécaniques, la circulation des trains, et notamment le tableau de succession, était assez rigide. Tout changement dans le trafic – retard, train supplémentaire ou train supprimé – devenait un vrai casse-tête. Il y avait une masse de papiers impressionnante à remplir. Et il ne fallait pas oublier un *s* ou une virgule dans les dépêches. Avec les nouveaux systèmes de commandes électriques ou informatisées, c'est évidemment beaucoup plus souple tout en étant plus sûr. La SNCF y a gagné la possibilité de faire circuler davantage de trains sur les lignes. Jusqu'en 1986, par exemple, pour envoyer plusieurs convois d'une gare à l'autre, il était obligatoire de respecter un intervalle d'à peu près six à huit kilomètres. C'est ce qui s'appelle le « cantonnement ». C'était encore plus strict sur les voies uniques. Avec la signalisation lumineuse, il suffit maintenant de respecter un espacement de mille cinq cents mètres. Mais cela s'est fait en réduisant considérablement les arrêts intermédiaires de manière à fluidifier le trafic...

Du coup, dans la mesure où il y a besoin de moins de monde, des emplois ont été supprimés partout. Jusqu'à la fin des années 1970, il y avait du personnel dans toutes les petites gares. Peu à peu, on s'habitue à ne plus y voir aucun agent. Parallèlement, l'entretien du matériel et des voies a été délaissé, avec pour conséquence que la moindre panne peut prendre des proportions incalculables. Tant qu'il n'y a pas de pépin, tout va bien. Quand la machine a failli, c'est à nous de prendre le relais.

« Je dois donner la priorité au TGV »

Damien, agent de circulation

Depuis mon poste d'aiguillage, j'ai à communiquer tous les jours avec les conducteurs que je vois passer dans leurs machines, s'arrêter le temps de la halte en gare et repartir... Je ne les rencontrerai probablement jamais. Et je ne peux dialoguer avec eux autrement que par l'intermédiaire des signaux que je ferme ou que j'ouvre pour leur dire « Stop ! » ou « Ça va, tu peux continuer... ». C'est une communication non verbale. Ce n'est que dans les situations perturbées, ou en cas de doute, que j'utilise la radio pour m'adresser à eux ainsi qu'aux agents des autres postes d'aiguillage.

Ce relatif anonymat ne m'empêche pas de ressentir un fort esprit de corps vis-à-vis de mes collègues. Quand il y a des difficultés à surmonter ou des problèmes à résoudre dans la réalisation du travail, on voit le collectif se mettre en œuvre. C'est dans l'adversité et dans la conscience de participer tous à la même mission que se crée la solidarité.

Quand je suis entré à la SNCF, j'étais habité par l'idée selon laquelle on devait tous, sous différents aspects, concourir à faire rouler les trains en toute sécurité, à l'heure et en confort. De là viennent notre sentiment d'appartenance et notre fierté lorsque nous avons accompli notre tâche. À l'inverse, cela nous pèse de voir les voyageurs debout, de ne pas être en mesure de respecter les horaires, de devoir supprimer des trains à cause de dysfonctionnements internes ; bref, de ne pas pouvoir remplir notre mission de façon correcte. Cela provoque chez nous beaucoup d'amertume. Et cette amertume se transforme en colère quand on fait peser la faute sur les cheminots qui constatent que le chemin de fer, à l'histoire duquel ils ont été associés, trahit cette mission. Traditionnellement, ce sont les anciens qui, après l'école SNCF, sont chargés de parfaire la formation des plus jeunes sur les chantiers, dans les ateliers, dans les gares, sur les lignes. C'est une formation qui se complète sur le terrain et qui est prodiguée par les agents qui ont l'expérience du site, du chantier ou de l'atelier. C'est une chose qui se fait naturellement et c'est une mission qui est reconnue. Le devoir de chaque cheminot dans les gares et dans les trains, c'est d'encadrer le nouvel arrivant, de former, en quelque sorte, son futur remplaçant... C'est moins une question de technique que de savoir-faire collectif au service du projet qui consiste à relier des gens, des entreprises, des villes, des régions.

Or, on constate que la priorité qui a été mise sur les lignes à grande vitesse a créé une fracture entre les services qui gèrent le fret, les TER et les TGV. Cela a produit un déséquilibre en faveur de prestations « commerciales », en faveur des gens pressés et aisés, et au détriment de la desserte des territoires. Il y a une hiérarchie entre les trains de prestige et les trains de seconde ou de troisième catégorie. Dans mon poste d'aiguillage, je dois donc donner la priorité au TGV même si aucun impératif de vitesse ou de sécurité ne m'y contraint.

Pourtant, les cheminots ont été fiers de la réalisation d'une technologie de pointe qui apparaissait comme l'image de marque de notre pays. Et ce d'autant plus que la conception de ce train du futur était le résultat d'un travail commun entre les techniciens qui fabriquent les machines et les cheminots. Maintenant, on voit bien que produire un super bel engin, un nouveau TGV, va faire la fierté des gens d'Alstom ou de Bombardier, mais plus du tout celle du cheminot qui va juste se contenter de l'utiliser comme n'importe quel autre outil.

Les cheminots se sentent toujours fondamentalement appartenir à une entreprise d'État qui se reconnaît dans une mission commune : faire rouler des trains. C'est une multitude de métiers dont la totalité constitue une énorme richesse de connaissances et de responsabilités. C'est aussi bien le guichetier que l'agent qui travaille dans les bureaux et qui participe à la conception ou à l'organisation du transport. C'est l'agent qui, comme moi, gère la circulation des trains à l'endroit du nœud ferroviaire. C'est celui qui est sur la voie ou qui travaille sur les caténaires, ou encore celui qui est présent dans le train comme conducteur ou comme contrôleur.

Le seul « privilège » que les cheminots revendiquent, c'est d'avoir la possibilité d'exercer leur métier par conviction, et non pas parce qu'il faut bien trouver un boulot pour se nourrir ; c'est de considérer leur travail comme une activité dans laquelle ils veulent mettre du sens.

Chapitre 3

Sur les voies et autour des machines

Les agents de la SNCF qui travaillent à l'extérieur ont hérité de noms empruntés au milieu naturel. Ceux qui travaillent à l'installation des voies sont des « sangliers » : ils grattent le sol pour y placer les rails. Les caténairistes passent leur temps en l'air à mettre en place, à réparer ou à inspecter les câbles électriques qui, au-dessus des voies, vont alimenter la force motrice du train. On les appelle les « écureuils ». Ces métiers ont, au fil du temps, assez peu évolué. Par exemple, la technique de relevage des rails est toujours la même depuis des décennies. En revanche, les conditions d'exercice du métier ont beaucoup changé. Ici comme ailleurs, la SNCF a de plus en plus recours à la sous-traitance pour que ces travaux soient effectués. Dès lors, l'unité si importante de la famille cheminote est morcelée et il ne viendra à l'idée de personne de qualifier de « sangliers » les employés des entreprises sous-traitantes qui effectuent, dans des conditions sociales dégradées, la pose de rails pour le compte de la SNCF. Cette délégation du travail à des personnes extérieures a des conséquences sur l'entretien des voies. Auparavant, chaque équipe de sangliers connaissait parfaitement la portion de voies de plusieurs kilomètres sur laquelle ils avaient l'habitude d'intervenir. En regardant une traverse, ils étaient capables de savoir qu'il était temps de la remplacer avant qu'elle n'entrave la bonne circulation des trains. De la même façon, les écureuils pouvaient déceler d'un coup d'œil la détérioration prévisible d'un câble électrique qu'ils avaient installé ou remplacé. Cette époque qui se basait sur la proximité des agents pour garantir l'entretien des voies est révolue. Aujourd'hui, la SNCF fait le choix de ce qu'elle appelle le « risque calculé ». Cela consiste à supprimer progressivement les équipes chargées d'astreinte pouvant intervenir rapidement sur les voies au quotidien et qui, parce qu'elles sont d'astreinte, peuvent intervenir rapidement en cas de problème. Au lieu de maintenir ce dispositif, la SNCF préférera, en cas d'incident, rembourser les usagers et payer des chambres d'hôtel... La conséquence de ce choix est très perceptible pour l'usager : faute d'entretien suffisamment fréquent, les lignes se dégradent.

Si les écureuils et les sangliers travaillent à l'air libre, ce n'est pas le cas des cheminots chargés de la réparation des trains. Les ateliers dans lesquels ils auscultent et réparent voitures, wagons et locomotives portent un nom évocateur : ce sont les « palais de la sueur ». Pour qui a l'imagination fertile, on voit déjà cette sueur ruisselant sur les corps, coulant dans des rigoles puis dans des canalisations pour être évacuée... Bref, les palais des cheminots ne ressemblent pas vraiment à la galerie des Glaces. Ici, ceux qu'on appelle les « chiffons gras » sont à la manœuvre. Quand il s'agit de démonter les sabots des quatre roues d'un train, 17 kg chacune, malgré les avancées de la technologie, la graisse est toujours là, omniprésente... Dans la logique de réduction des coûts qui prime également dans les ateliers, la direction exige de « faire plus avec moins ».

Depuis les années 1990, au nom de ce dogme, les effectifs ont été réduits au rythme de – 3 à – 5 % par an... et la productivité a augmenté dans les mêmes proportions. Les objectifs de rendement fixés d'en haut sont inaccessibles ? Qu'à cela ne tienne, on fait appel à des intérimaires qui, forcément, connaissent mal le matériel. La rançon de ces purges est sans appel : les trains réparés arrivent avec retard sur les quais, décalant d'autant leurs départs, les avaries de matériels sont de plus en plus fréquentes. Dans les voitures, des accessoires comme les appuie-tête manquent... Peu importe la qualité du service. Pour la direction de la SNCF, les ratios doivent, coûte que coûte, être respectés.

« Le ferroviaire, ce n'est pas de l'épicerie »

Jean-François, caténairiste

Ce sont les anciens qui m'ont poussé à évoluer, qui m'ont dit : « Pourquoi tu ne passerais pas l'examen ? » J'étais entré à la SNCF après la classe de seconde, dans un centre d'apprentissage à Villeneuve-Saint-Georges. J'y ai obtenu le CAP de mécanique générale puis j'ai été embauché directement à l'infrastructure comme caténairiste. J'ai commencé mon métier de caténairiste à la Gare de Lyon. Mon travail consistait à faire l'entretien sur les lignes à haute tension, c'est-à-dire les caténaires qui alimentent les trains électriques. J'adorais monter en haut des poteaux, « grimper dans les ficelles », comme on dit. Le métier est intéressant, il fait appel à des bases de mécanique, d'électricité. Je n'ai connu que ce métier à la SNCF : les caténaires.

Nous, les caténairistes, on travaille surtout la nuit, quand les trains ne roulent pas. C'est du travail en hauteur, physique. Même si les conditions ont évolué avec des nacelles, des plateformes, le travail de nuit est plus compliqué physiologiquement. Ça génère aussi des surcoûts ainsi que des nuisances pour les riverains. Autrefois, on planifiait, et on intervenait lors des périodes de « blancs travaux », c'est-à-dire aux moments où aucun train ne circule sur une voie. Depuis que les trains de nuit ont été supprimés, le travail de nuit s'est généralisé... Puisque, désormais, les voies sont complètement fermées pendant l'intervention, il n'y a plus besoin de mesures de sécurité ferroviaire, on peut faire travailler des gens qui ne sont pas habilités et qui appartiennent à des entreprises extérieures.

Le métier de caténairiste m'a plu. Ce n'est pas routinier. C'est un travail physique avec une technicité particulière. Ça me correspond bien. Et puis, j'ai eu besoin d'approfondir les choses, de comprendre comment ça marche. Alors, j'ai passé l'examen de contrôleur caténaires, fonction qui, plus tard, est devenue celle de « dirigeant de proximité » (DPX), le premier niveau de l'encadrement. J'ai pris un poste de formateur caténaires à l'école des Aubrais où je suis resté quatre ans. J'ai ensuite fait une demande de mutation pour revenir dans ma région et j'ai été nommé comme contrôleur caténaires à La Souterraine en 2000. Puis j'ai évolué sur un poste de DPX à Limoges.

J'ai, en fait, profité de la réforme managériale qui a créé la fonction de dirigeant de proximité. J'ai alors appréhendé une nouvelle façon d'exercer le métier. Gérer une équipe, c'est une responsabilité qui m'a intéressé : faire profiter les autres de mon expérience, former des gens. Quand on prend des responsabilités, on les assume. Il y a des choses à arbitrer, des choses à trancher. Mais je n'ai jamais eu de conflits liés à ma responsabilité de DPX. Je n'ai pas vécu cette nouvelle fonction comme un changement dans les rapports que j'avais avec mes collègues. J'ai les mêmes amis, j'ai gardé des copains d'enfance. Les quatre ans que j'ai passés comme formateur constituent une expérience que je ne regrette pas non plus. Partager son expérience, c'est enrichissant, c'est gratifiant.

Pour moi, il y a un triptyque à respecter pour gérer une équipe : autorité, moyens et compétences. L'autorité, on l'a par la fonction qu'on nous donne. Les moyens sont les moyens humains et les moyens matériels nécessaires pour organiser le travail. Être compétent, c'est être capable d'appréhender les moyens qu'il faut pour réaliser un travail. On a maintenant bien souvent des DPX qui n'ont pas les compétences. Ils ne sont pas en capacité d'organiser les moyens, si bien qu'ils signent des objectifs sans savoir s'ils sont réalisables. Ça crée du mal-être, du travail mal fait. Nous, on fait du ferroviaire, ce n'est pas de l'épicerie. On transporte des gens. Il y a des règles de sécurité à respecter. On n'est pas compétent immédiatement, on le devient peu à peu. Et, plus on a de compétences, plus on est capable d'apprécier les compétences de ses agents. Il m'a donc fallu apprendre toutes les subtilités, les particularités du tronçon de cent quarante kilomètres sur lequel je travaillais, connaître les différents types d'installations qui demandaient des moyens d'intervention spécifiques.

Dans mon parcours professionnel, les gens prenaient une fonction quand ils avaient acquis de l'expérience. On partait du principe qu'il fallait savoir faire. C'est cette démarche qui structurait l'entreprise. Or, c'est en train de disparaître : on sépare de plus en plus la vision managériale de la vision métier. Personnellement, quand je fais faire, j'ai besoin de savoir faire. Ça me tient à cœur. Je trouve que la technicité se maintient comme ça. Maintenant, on cloisonne. On a, d'un côté, les gens qui font et, de l'autre côté, les gens qui font faire. Sans forcément avoir les mêmes référentiels métier. Les nouveaux DPX sont recrutés à bac + 2 ou bac + 5. Beaucoup sont des cadres qui sortent directement de l'école à bac + 5. On leur donne une petite formation basique au niveau métier et on les met en fonction managériale tout de suite. Ça crée quelquefois des incompréhensions entre les DPX et ceux qui bossent directement sur les installations. Les gens qui ont fait bac + 5 ont certes des compétences d'assimilation et d'analyse, mais on ne leur demande pas de faire progresser les gens de leur équipe, on leur demande d'arbitrer, de manager, de faire passer les orientations de l'entreprise. C'est une autre vision du travail d'encadrement. C'est parce que je ne suis pas d'accord avec ces orientations de l'entreprise que j'ai pris un mandat syndical national.

L'externalisation des activités, c'est aussi une autre vision de l'entreprise. Par exemple, quand j'étais encore dirigeant de proximité et que la végétation envahissait la caténaire, j'allais voir le collègue de la voie et je lui demandais de débroussailler de tel kilomètre à tel kilomètre. Il « graphiquait », c'est-à-dire qu'il prenait le graphique de circulation qui traduit la marche des trains sur une portion de ligne, et il prévoyait de faire du débroussaillage avec ses agents en fonction de ses disponibilités. Maintenant, on fait appel à des entreprises extérieures. Comme elles interviennent sur zone ferroviaire, il faut faire une inspection commune préalable et ensuite un plan de prévention. En plus, il faut du personnel SNCF pour les surveiller. Et ça crée du travail supplémentaire, il faut plus d'encadrants et plus de monde sur le terrain. Finalement, non seulement ça coûte plus cher à la collectivité, mais le travail est souvent moins bien fait. Forcément, ça met les cheminots en colère. On perd des compétences puisqu'on ne fait plus, on regarde les autres. Il y a aussi la question de la responsabilité, de la conformité quand on n'a pas la maîtrise du travail. Ça pose problème ! Je n'incrimine pas les salariés. Mais, pour bien faire le travail, il faut de la formation, des moyens, une rémunération correcte et de bonnes conditions sociales.

Nos métiers sont divers, il y a des savoir-faire, des échanges, de la coopération – je n'aime pas dire « collaboration ». On a chacun ses compétences. Il faudra toujours des cheminots pour faire rouler les trains. Ce qui m'intéresse, c'est dans quelles conditions ils travaillent et comment ils font leur boulot. Je suis attaché à cette entreprise où j'ai pu me former, évoluer, rencontrer des gens. J'aime bien mon métier de cheminot, j'en suis fier. On est actuellement dans un contexte de réchauffement climatique, de problèmes environnementaux, le ferroviaire répond à ces enjeux. J'habite en Creuse, le chemin de fer permet aux gens de se déplacer, aux gamins d'aller à l'école. Dans notre métier, la notion de service public a du sens.

« Il me faut telle pièce, je la trouve »

Gilles, magasinier à l'atelier caténaires

Avant d'être magasinier à l'atelier, j'intervenais sur les caténaires, c'est-à-dire sur les fils conducteurs destinés à l'alimentation des motrices. La nuit, je travaillais à la lampe frontale en haut d'échelles doubles fixées sur des chariots qu'on déplaçait sur les rails : les « échelles Lorry ». Durant les vingt et un ans que j'ai effectués à Trappes à l'entretien des caténaires, j'ai travaillé les trois quarts du temps entre 21 h 45 et 6 heures du matin. Quand on ne nous donnait la ligne que vers 2 heures, ça faisait peu de temps pour faire le boulot.

Pour se protéger des trains qui pouvaient survenir la nuit, on installait sur les rails un dispositif qui mettait les signaux au rouge. Ce système simulait la présence d'un train sur les rails, si bien que toute la zone de cantonnement fermait ses signaux. En plus, on positionnait des lampes rouges à des endroits bien précis au cas où un train se serait quand même présenté. Pour se protéger du mauvais temps, on se réfugiait dans nos véhicules garés à côté des engins de chantier. Au début de ma carrière, il m'arrivait de travailler sous tension sur les lignes à 1 500 volts pour réaliser des mesures ou pour changer des pièces. Mais ça fait des années que c'est terminé. Maintenant, c'est consignation obligatoire, ce qui signifie que le courant est systématiquement coupé avant. De toute façon, avec les lignes TGV qui utilisent du 25 000 volts, il n'y a pas moyen de faire autrement. Si tu approches, tu es éjecté.

Le travail de caténairiste consiste aussi à contrôler le fil de contact qui permet à la motrice d'être alimentée en électricité par l'intermédiaire du pantographe. On en vérifie les ancrages et l'usure. Ce fil de cuivre de plus d'un centimètre de diamètre est soumis au frottement du pantographe [1], mais il ne diminue pas très vite. Il y a trois fils : le porteur principal, le porteur auxiliaire et le fil de contact. Cela fait beaucoup de pièces qui peuvent s'user parce que la caténaire bouge et qu'il y a des écarts de température. C'est pourquoi, tous les deux ou trois ans, on fait des visites qui permettent de repérer ce qui commence à fatiguer et ce qui est en bon état. Pour le savoir, on enraille les engins de chantier, on monte là-haut et on démonte pour regarder : par exemple les pinces des chaînes de suspension qui relient le porteur principal à la poutre en fer. Si on a trouvé trop d'usure sur un kilomètre, il faut penser à faire une révision pour corriger tout ça. Dans notre jargon, on parle de RP, les révisions périodiques. Quand des pièces sont usées, un

1. Pantographe : dispositif articulé qui permet à une locomotive électrique de capter le courant par frottement sur une caténaire.

spécialiste vient les expertiser pour savoir si on peut les réparer, s'il y a un problème.

Quand il faut changer le fil de contact, on travaille sur une longueur de cinq cents mètres au maximum. C'est ce qu'on appelle le « canton de pose », jalonné de poteaux qui délimitent des portées de soixante mètres environ, selon qu'il y a ou non des courbes. Ces remplacements, qui s'opèrent de nuit pour ne pas gêner la circulation des trains, sont des chantiers qui se programment de un à trois ans à l'avance. Quand j'ai commencé ce genre de travail, on installait le touret sur un train spécial, puis on déroulait le fil et on le mettait sur des crochets. La nuit d'après, on revenait, on fixait le nouveau fil de contact aux pendules grâce auxquels il est suspendu au câble porteur. On mettait le vieux fil sur les crochets et, en fin de semaine, un coup de cisaille là-haut, on le faisait tomber. Quand le vieux fil de contact, descendu et coupé en petits morceaux, avait été remplacé, il restait à vérifier que le nouveau était bien positionné. Le fil de contact doit en effet zigzaguer de support en support pour éviter que le frottement se fasse toujours au même endroit. Sinon, au bout d'un moment, le pantographe serait coupé en deux. Je montais à l'échelle Lorry, je mesurais les deux actionnements – les points entre lesquels le fil se balade. Si jamais la cote limite était dépassée, je ramenais le fil en jouant sur la longueur des tubes anti-balançant fixés sur chaque support. Maintenant, on utilise une nouvelle méthode que je ne connais pas. Et les agents disposent désormais d'engins rail-route et de nacelles, éclairées par des néons, à la place des échelles. Et on commence à utiliser des drones pour effectuer les vérifications.

Maintenant, pour des raisons de santé, j'ai été nommé magasinier à l'atelier caténaires. Il y a trente ans, Trappes avait beaucoup de pièces parce que c'était l'endroit où les brigades venaient se servir. C'était un peu comme un dépôt central. J'ai commencé par passer cinq ans à mettre le parc en ordre. Ça m'a permis de découvrir des pièces qu'on n'avait jamais montées et qui sont en très bon état. Comme elles sont galvanisées, elles n'ont pas pris la rouille. Avant, personne ne s'occupait du magasin. Chacun allait se servir selon ses besoins. Le bénéfice a tout de suite été évident. Il suffit qu'on me dise : « Il me faut telle pièce », je la trouve.

Ce qui me plaît à l'atelier, c'est quand je dois m'occuper du matériel destiné à une révision périodique. Les tubes anti-balançants, en particulier, qui empêchent la caténaire de s'incliner, sont ajustés en atelier en fonction des mesures effectuées préalablement sur le terrain. Il faut calculer la longueur de chaque tube et le placement des pièces du bras de rappel, savoir si le dispositif est en compression ou en tension selon les courbes et la configuration de la voie. Tout est noté sur des fiches : tant de tubes de telle et telle longueur. On relève les numéros des poteaux-supports : tel tube pour tel support. Si le tube est trop long, on le coupe aux dimensions requises.

C'est souvent, pour moi, l'occasion de montrer aux petits jeunes comment monter le matériel. Par exemple, je suis allé voir un gars qui travaillait sur un tube anti-balançant.

« Tu vas avoir un problème !

– Ben non, pourquoi ?

– Ton isolation va se retrouver en dehors du tube. Donc, je ne sais pas comment tu vas mettre ton auxiliaire.

– Mais si, c'est bon. C'est comme ça qu'on m'a appris à l'école. »

Il y avait un chef d'équipe à côté, qui m'a dit : « S'ils apprennent ça à l'école, on ne risque pas d'avoir de grands techniciens. »

Donc, le jeune a rectifié. C'est comme ça que, moi-même, j'ai appris : ce sont les vieux qui m'ont montré.

À côté de ça, il y a les journées « galère » comme celle où j'ai débauché aux environs de minuit. J'ai fait du rab parce qu'il y avait eu un incident sur la voie vers 16 heures. Je me suis dit : « Bon, je vais préparer le matériel pour l'équipe d'astreinte. » Quand ils ont embauché, c'était prêt. Il n'y avait plus qu'à embarquer. J'ai fait le boulot. Quand je suis arrivé le lendemain matin, ils venaient juste de débaucher. C'était sur une caténaire spéciale – une « caténaire tramway » –, qu'on rencontre dans les gares de triage. C'est un système transversal dans lequel il y a plusieurs fils de contact sur chaque voie. Là, la façon dont c'était cassé faisait qu'il n'y avait plus rien pour tenir les fils : ils pouvaient toucher la voie. Dans ce cas, il vaut mieux qu'il n'y ait personne à cet endroit-là parce que quand la caténaire tombe par terre, le régulateur de la sous-station réenclenche au cas où ça aurait disjoncté à cause d'un pantographe. C'est à peu près ce qui m'est arrivé le jour où l'ordinateur a remis le jus là où j'intervenais, au lieu de le remettre sur la bonne partie du circuit. C'était le feu d'artifice. Je ne suis jamais descendu aussi vite d'une échelle. Le chef d'équipe a hurlé dans le téléphone, puis il a décidé d'interrompre les travaux « C'est trop dangereux. On arrête là ! »

Aujourd'hui, beaucoup de travaux que nous prenions en charge sont faits par des entreprises privées. Mais c'est toujours à nous de fournir les pièces, sauf quand il s'agit d'implanter des poteaux-supports. Dans ce cas-là, les employés de ces entreprises peuvent venir me voir à titre de dépannage : « Tiens, t'aurais pas cette pièce-là ? » C'est à cette occasion que je sais qu'ils interviennent. On n'est au courant de rien. L'autre fois, je prenais le train pour rentrer chez moi et je me suis rendu compte que des ancrages et des fils de contact avaient été changés en gare de Trappes. Je l'ai signalé à mon équipe : « Vous savez qu'il y a des implantations qui ont changé à tel endroit ? À votre place, j'irais voir parce qu'il y a quelque chose qui ne va pas. » Ils y sont allés. « Ah oui, en effet... » Mais personne n'était au courant.

Je regrette l'époque où on faisait une quinzaine de déroulages à l'année. L'équipe n'en fait plus. Ça manque. J'ai toujours dit aux dirigeants de proximité, les DPX, qui ont été en fonction : « Il faudrait qu'on refasse des remplacements de fils de contact parce que c'est là qu'on apprend le travail. » Ils m'ont répondu : « D'accord, d'accord... » Mais je n'ai rien vu venir. Probablement qu'ils sortaient tout juste de l'école.

« On le sait avec l'expérience et avec le temps »

Damien, électricien

Une panne, un feu dans un poste, un animal sur les voies : dès qu'il y a un problème, je suis sur le qui-vive au magasin de pièces de rechange. J'ai déjà vu une soixantaine de relais électriques cramer dans un poste. C'est compliqué à gérer quand il faut tout remplacer le plus vite possible. Beaucoup d'agents seront sur le terrain et ils auront besoin de beaucoup de matériel. Le magasin va devoir assurer. En ce moment, par exemple, je m'occupe plus particulièrement du matériel qui sert à mettre en place la LTV, la limitation temporaire de vitesse. Utilisé quand un gros défaut sur les voies risque de durer, il permet de ralentir les trains. Ce sont surtout les établissements de maintenance ou les services travaux qui m'en passent commande quand, sur une portion de voie où ils interviennent, il faudra, par exemple, rouler à 60 au lieu de 120 alors que la portion voisine restera à vitesse normale. On me demande alors de la signalisation réflectorisée ou lumineuse ainsi que des balises KVB (contrôle de vitesse par balises [1]) dont les signaux électriques émis en cas de besoin prennent le pas sur le conducteur et actionnent directement les freins.

Le magasin est un entrepôt de près de 600 mètres carrés, avec le petit matériel électrique à l'étage et, au rez-de-chaussée, les pièces lourdes comme les moteurs d'aiguillage, les panneaux de signalisation, des outils pour les centres de transformation, des tourets de câble électrique jusqu'à 400 millimètres carrés de section. Il faut le chariot élévateur pour les déplacer. Nous avions même le fil de contact des caténaires mais maintenant il est livré directement sur les chantiers. C'est plus simple.

Je suis arrivé dans ce service en renfort. Une semaine de formation pour apprendre les bases m'a suffi parce que je suis électricien et que je connais le terrain. Je m'occupais de maintenance au service électrique, mais, à la suite d'une inaptitude, je ne peux plus aller sur les voies. J'ai donc cherché d'autres postes possibles pour moi sur le portail informatique du service ressources humaines de la SNCF. Faute d'en trouver, j'ai été affecté en renfort dans un premier magasin pour aider un collègue à gérer tout un entrepôt : stocks, réceptions, envois. Aujourd'hui, je remplace une personne d'un autre magasin, qui a pris un an de congé formation. Je suis en quelque sorte « intérimaire ».

Heureusement, le travail au magasin est sympathique et intéressant. J'approvisionne une quinzaine de brigades. Chacune a son petit stock, avec en général une pièce de chaque modèle. Quand je donne une nouvelle pièce, je

---

1. Le *K* de KVB permet de ne pas confondre « contrôle » et « commande ».

récupère l'ancienne que je renvoie à un établissement de la SNCF pour la recycler. C'est bien, ça évite d'encombrer le magasin, et les brigades récupèrent un budget sur ce qui est recyclé. Elles l'utilisent par exemple pour améliorer leur parc automobile.

Je connais ainsi la destinée de chaque pièce jusqu'à son recyclage. Bien plus, je peux, grâce à un système informatique, retracer toute sa vie depuis qu'elle est sortie de l'usine. Si une brigade me demande un sac de pièces alors que je leur en ai envoyé un stock il y a à peine trois semaines, je peux leur dire de commencer par chercher où ils l'ont rangé... Avec ce système, on peut aussi se dépanner entre magasins. Au niveau national, nous sommes interconnectés au guichet « matière ». Si un magasin situé à Marseille a besoin d'une référence qu'il ne possède pas, ce guichet peut accéder à mon stock et voir que j'en ai cinquante. Dans ce cas, les agents du service central m'appellent pour savoir si je peux les dépanner. Si je leur en cède vingt, ils iront chercher le reste dans d'autres magasins. Il est important que personne ne décide à ma place de mes priorités et que je puisse anticiper les besoins grâce à l'expérience que j'ai acquise à la place que j'occupe. Mon collègue, qui fait ce travail depuis plus de dix ans, connaît bien les cycles de pannes. Il sait par exemple que certaines séries ne fonctionnent plus au bout de cinq ans. On ignore pourquoi, on le sait avec le temps.

Parfois, je peux aussi aider les brigades à faire de meilleurs choix dans leurs commandes. Dans la brigade de maintenance où je travaillais auparavant, nous avions un prototype pour modifier le connecteur qui entre dans le matériel de détection de la position des aiguillages. Une autre version de connecteur a été créée, moins fragile et plus simple à poser. Nous avons fait remonter l'information. Ça a été écouté. Lorsqu'une brigade m'a commandé l'ancien modèle pour un chantier, j'ai pu lui conseiller de prendre le nouveau. C'est ce qu'ils ont fait.

Tout ce que les brigades commandent arrive au magasin. Mais je peux être amené à leur livrer moi-même l'équipement : le sortir de la voiture, y remettre l'ancien. Je porte énormément de choses. Quand je fais livrer sur le terrain par le courriériste ou par les brigades elles-mêmes, un chenillard permet de passer au-dessus des rails et de déposer le matériel toujours au plus près pour limiter les manutentions. Or, un moteur d'aiguillage pèse autour de 80 kg. Il faut s'y mettre à deux, sans prise vraiment pratique, pour le faire parvenir à destination. Alors, j'applique ce que j'ai appris en formation PRAP, prévention des risques liés à l'activité physique : porter au plus simple et de manière coordonnée, faire des pauses régulières mais avancer malgré tout.

Mais mon rôle ne s'arrête pas là : quand, au moment de la mise en service de nouveaux matériels, les démonstrations organisées avec les cadres n'ont pas suffi, je vais, depuis mon ordinateur, récupérer les informations qui manquent, même si, la plupart du temps, les brigades savent se tirer d'affaire. Enfin, il y a des matériels qui sont en rupture parce que le constructeur s'est permis d'arrêter la production sans prévenir. Là, ça devient compliqué. Pas question de bricoler. Le service études de la SNCF est alors mis à contribution pour trouver une pièce de substitution ou pour associer plusieurs équipements qui rempliront le rôle de celui qui n'est plus disponible.

Quand tout va bien, j'ai peu de communication avec mes supérieurs. Mais dès qu'il y a « une petite mouche dans la soupe », une panne dont on ne trouve pas l'origine, c'est le branle-bas de combat. On voit les cadres venir directement au magasin. Ils te bombardent de mails, de coups de téléphone. Et si tu ne réponds pas, ils envoient quelqu'un, quand ils n'arrivent pas eux-mêmes dans le quart d'heure. Je trouve ça assez drôle.

« Je travaille de nuit pendant une semaine, ou deux, ou trois »

Jean-Philippe, agent de maintenance voies

Une grande part de mon travail consiste à marcher le long des rails pour faire les « tournées voies » : des kilomètres à pied sur le territoire de ma brigade, entre le kilomètre zéro et le kilomètre quatre, sur tous les faisceaux qui partent de la gare.

Je les connais bien, mes voies. Sur certaines, on passe toutes les semaines. Pour d'autres, c'est tous les mois. Cela dépend de la voie, du tonnage des engins qui roulent dessus, si ce sont des trains avec voyageurs ou pas. Les tournées font trois ou quatre kilomètres, mais il m'arrive d'en faire quinze. Je marche et je cherche, de visu, s'il y a des avaries sur les rails ou aux abords. Je mesure la distance entre les rails, je contrôle si une traverse a été un peu mangée par le patin, si une attache ne fait plus effet, s'il faut redresser la voie pour qu'elle revienne au bon écartement. Avant de travailler à la maintenance des voies, je n'aurais jamais imaginé que c'était si technique. On peut demander un ralentissement ou carrément un arrêt des circulations pour un millimètre ! D'ailleurs, avant l'été, on vérifie les écartements entre les barres parce qu'elles peuvent se dilater pendant la saison chaude. L'hiver aussi se prépare, par exemple en creusant sous les aiguilles pour éviter que des amas de neige risquent de les bloquer. J'aime cette variation saisonnière dans mon travail. Quand j'ai commencé comme « agent maintenance voies », je notais les anomalies dans un petit carnet, pour mon rapport de tournée. Aujourd'hui, nous avons des smartphones et on est obligés d'envoyer nos comptes rendus par téléphone. Mais nous sommes plusieurs à avoir gardé nos petits carnets. Il y a encore beaucoup de bugs avec les applications en ligne. Quand je remonte un problème, il y aura ensuite une intervention, en journée ou la nuit selon l'ampleur du défaut. Il peut s'agir de changer un rail ou une éclisse, de faire une reprise d'écartement. Si je découvre une avarie urgente pendant ma tournée, je peux demander à ce qu'on fasse sortir l'équipe d'astreinte, et qu'on stoppe la circulation pour qu'elle intervienne tout de suite. Sinon, ce sera programmé par la direction et ce sera fait par ma brigade. Je peux aussi détecter des anomalies qui seront traitées par les électriciens qui gèrent la signalisation, ou par les mécaniciens qui s'occupent de la tringlerie des appareils de voie [1]. Eux aussi font remonter ce qu'ils constatent sur le terrain.

Je peux faire un jour une tournée voies, le lendemain, des reprises, suite à la tournée, ou un chantier de changement de rail, ou l'encadrement d'une équipe de soudeurs. C'est très varié. Comme ça roule beaucoup pendant la

1. Les aiguillages.

journée, les chantiers se font souvent de nuit, c'est plus simple. Un jour, j'ai été appelé en astreinte pour une intervention sur une éclisse cassée. Les circulations étaient stoppées, on a changé l'éclisse. On s'est aperçu qu'il y avait aussi une éclisse cassée sur la voie d'en face. Donc quelqu'un a appelé le poste pour lui demander de nous faire une interdiction de circulation. Le collègue a répondu : « Il y a un train qui passe, et après, normalement, je te donne la voie. » Un train est passé. On a estimé que c'était bon et on y est allé sans attendre l'autorisation du poste. C'est une voie où les trains roulent à 80 km/h et là... on a eu beaucoup de chance. Un train est arrivé, mais il ne roulait qu'à 30 km/h. À cent cinquante mètres de nous, le mécano nous a vus, il a stoppé en arrêt d'urgence et il s'est arrêté à temps. S'il avait roulé à la vitesse normale, je ne serais plus là. Nous voulions bien faire, rétablir la circulation au plus vite, sauf qu'il y a eu une incompréhension entre le dirigeant qui prenait la voie et le poste, puis une accumulation d'erreurs. De toute manière, nous n'aurions jamais dû mettre les pieds sur la voie sans un accord clair, net et précis de l'aiguilleur. C'était une bêtise. Mais c'est bien aussi, parce que ça remet les pendules à l'heure. Le pire chez nous, c'est de prendre l'habitude du danger. Ce jour-là, je me suis fait peur. La prochaine fois, j'attendrai.

Il nous arrive aussi de travailler sur des voies où la circulation des trains n'est pas interrompue. C'est pour cela qu'on nous voit regarder passer les trains, parce que nous sommes en train d'intervenir sur la voie où ils circulent. Là, je peux être « agent sécurité » sur le chantier, ou annonceur. J'ai les habilitations pour cela. Quand je suis annonceur, je n'aide pas sur le chantier. Si c'est un chantier bruyant, je ne peux pas m'écarter de plus de cinq mètres de l'équipe. Personne n'a le droit de me parler, je ne dois pas être distrait. Je ne fais « rien », rien d'autre que de regarder le point d'annonce que m'a fixé l'agent sécurité et donner un coup de trompette si un train y arrive. Ça peut être à cent soixante-dix mètres, à trois cents mètres du chantier. L'annonce est le premier niveau d'habilitation sécurité que j'ai passé quand je suis entré à la maintenance voies. Il s'agit d'avertir pour que les collègues aient le temps de se mettre hors zone dangereuse, en zone de garage, comme on dit. Quand je fais une tournée d'inspection des voies, je bouge et le temps passe vite. Quand je suis annonceur sur un chantier de nuit, en hiver, debout dans le froid, que je regarde le point d'annonce pendant quatre ou cinq heures de rang, que j'attends les circulations et qu'il n'en passe qu'une ou deux... ça peut être très long.

Comme tout le monde dans l'équipe, je suis aussi habilité « agent sécurité ». Il y en a toujours un sur un chantier. C'est lui qui met en place le dispositif d'annonce et place l'annonceur. Il calcule la distance d'annonce pour chaque chantier, selon le temps qui sera nécessaire pour le dégager. Il doit bien connaître les lignes, les matériels qui roulent, à quelle vitesse, s'il y a des circulations dans les deux sens. Et prendre les marges suffisantes. Agent sécurité, annonceur, nous prenons ces fonctions à tour de rôle ; ça se décide au briefing, avant le chantier. Ce sont de grosses responsabilités, la vie des collègues est en jeu. C'est même une responsabilité pénale – qui n'est pas très reconnue sur ma rémunération. Tous les ans, j'ai ce qu'on appelle une « veille », c'est-à-dire que mon dirigeant de proximité vient sur le terrain et contrôle mes connaissances d'annonceur et d'agent sécurité. Il vérifie que je suis apte à mettre en place les mesures de sécurité au jour le jour. Ensuite, il me renouvelle mon carnet d'habilitations, jusqu'à l'année suivante. C'est rigoureux, bien organisé. Il vérifie particulièrement que je connais la « distance de couverture d'obstacle » sur le bout des doigts. C'est la procédure à appliquer pour arrêter les trains en cas d'urgence. L'urgence absolue, pendant une tournée voies, serait de trouver un rail cassé. Là, on va droit au drame et il n'y a pas à réfléchir. Il faut avant tout arrêter les circulations : « faire craquer la torche », courir vers les trains qui arrivent pour les arrêter et mettre des pétards en quinconce à mille cinq cents mètres de l'obstacle. Si on trouve un téléphone d'alarme en route, on appelle la sous-station et on dit trois fois : « Arrêt d'urgence, défaut sur la ligne » en précisant le point kilométrique. La torche est le signal d'arrêt d'urgence pour les conducteurs ; elle brûle pendant huit minutes. Ce sont les fumigènes rouges que l'on fait craquer pendant les manifestations. En manif, on utilise des torches périmées. Les bonnes, je les garde soigneusement dans mon carquois d'annonceur. Je n'ai jamais fait craquer la torche en dix ans de carrière et j'espère que ça ne m'arrivera jamais, parce que c'est vraiment la dernière chance. Aucun cheminot ne veut vivre cela.

Je travaille de nuit pendant une semaine, ou deux, ou trois, en alternance avec une semaine de jour. C'est très variable. À la maintenance des voies, les roulements nous sont imposés selon les besoins. Quand j'étais plus jeune, j'adorais les nuits. Au bout de quelques années, ça commence à être difficile, surtout quand je change entre jours et nuits. Par-dessus le marché, je prends l'astreinte.

Là, je fais ma journée – ou ma nuit – normalement, et on peut m'appeler en plus 24 heures sur 24, 7 jours sur 7. Il m'est déjà arrivé de faire des astreintes neige avec quarante heures supplémentaires dans la semaine. Une semaine de repos ensuite n'est pas superflue. Pour une semaine d'astreinte je touche 290 euros. Et je commence par en donner cent à la personne qui a gardé mes chiens. L'astreinte fait partie du contrat mais certains ne peuvent pas la prendre, par exemple pour des raisons familiales. Sur une dizaine d'agents, il y a toujours des volontaires dans la brigade. On s'arrange entre nous, la solidarité est là. La semaine où je suis d'astreinte, je dois rester en permanence près de la gare. Comme j'habite en province – la vie est trop chère à Paris –, je suis logé par la direction. J'ai une chambre d'astreinte dans un établissement hôtelier, avec les conducteurs et les contrôleurs. Les semaines sont un peu longues. Il m'arrive de manger avec les autres, mais ce sont des équipes que je ne connais pas et nous avons tous des horaires décalés : je rentre à 8 heures après une nuit de travail, je me réveille à 14 heures pour sortir en astreinte...

Lorsque je suis d'astreinte, je peux être appelé pour tout problème concernant une voie. Il m'arrive d'intervenir sur une aiguille que le poste d'aiguillage ne parvient pas à faire bouger. Quand un conducteur décèle un choc anormal, je vais sur zone rechercher l'avarie. Si une zone est « au rouge », c'est-à-dire que les signaux de sécurité sont bloqués sur le rouge, j'y vais avec un électricien. Éclisse cassée, neige, forte intempérie, rupture de rail... En fait, toute situation anormale est susceptible de me faire sortir. Je suis même formé à intervenir sur les passages à niveau ! Je peux aussi être appelé pour assurer la sécurité des personnes. Un matin, j'ai été appelé à 7 heures pour sécuriser une intervention de police. Un train avait heurté un SDF qui était malheureusement décédé. Et les trains continuaient à rouler sur les voies contiguës. Je me suis retrouvé près du corps... et d'un pied coincé dans un rail quelques mètres plus loin. Au début, j'étais pris dans le mouvement, mais une fois que l'intervention a été finie, tout est redescendu et mon moral aussi. J'ai appelé mon responsable et je lui ai dit que je prenais ma journée. J'avais besoin de rentrer me reposer. Ce type d'événement n'arrive pas souvent, mais ça marque.

Dans les brigades de maintenance, nous nous connaissons très bien. Nous pouvons y rester quinze à vingt ans. Avec notre dirigeant actuel, ça se passe très bien. J'en ai vu passer beaucoup et je peux dire que les relations dépendent énormément des personnes. J'ai vu des imbéciles finis et au contraire des gens qui nous aident. Le cadre, c'est aussi un fusible pour la direction. Il ne peut pas dire non, il ne peut pas dire oui, souvent c'est un jeune qui ne connaît pas encore le métier. Si par exemple le référentiel donne trois heures pour changer un rail, il ne comprend pas pourquoi on n'a pas pu le faire, parce qu'il ne sait pas que chaque chantier est différent. Alors que c'est justement cela qui est intéressant, qui rythme notre vie sur la voie. Chaque jour est nouveau, c'est ce qui fait que j'aime mon métier. Malheureusement, je fais de plus en plus d'encadrement d'entreprises sous-traitantes et ça me fait mal au cœur. Les grands travaux ont toujours été réalisés par des entreprises privées qui avaient les machines nécessaires. Maintenant, elles font aussi de la maintenance journalière sur les voies, mon cœur de métier. Au début, 5 à 10 % des interventions étaient sous-traitées sur mon secteur, aujourd'hui on avoisine les 25 à 30 %. Avant le chantier, je prends les cotes de l'écartement des voies et je donne les valeurs théoriques auxquelles il faut ramener, ou écarter, le rail. Je reviens à la fin du chantier pour reprendre les cotes. Ça ne m'intéresse pas de venir au boulot regarder bosser les autres. Mon rôle se réduit à faire de la sécurité, à donner les voies à ceux qui vont travailler. Normalement, je dois aussi surveiller leurs travaux, mais c'est ambigu parce qu'ils sont censés faire des chantiers clés en main. Je ne devrais donc pas être obligé de leur dire : « Non, c'est pas bien ce que tu fais. » Je devrais les laisser faire et ne le dire qu'à la fin. Beaucoup ne connaissent pas les bases du métier. Ils ne savent pas comment « saboter » une pièce de bois. Saboter, c'est tailler une traverse pour y creuser l'emplacement du rail, avec le dévers nécessaire pour être aux normes. Il leur arrive de rendre un chantier avec des écartements de voies qui ne sont pas bons, ou des tire-fonds mal serrés, voire pas serrés du tout. Les tire-fonds sont les grosses vis qui relient le patin du rail à la traverse. Je dois constamment les surveiller afin d'être sûr que tout soit bien mis en place, serré, attaché. Je suis pris entre deux feux, entre garder mon emploi et m'assurer que les travaux sont bien faits, que ça pourra rouler le lendemain et avancer en sécurité. Pour cela il faut bien que je leur donne un coup de main. Et finalement c'est moi qui les forme sur le terrain.

Ces entreprises ont remporté les marchés, mais la plupart de leurs salariés ne connaissent pas le travail. Ils n'ont pas, comme moi, des contrôles de leurs connaissances tous les ans, après des années de formation. Quand on doit reprendre leur travail derrière, on fait remonter à la direction. Une fois, une entreprise est venue sur le terrain pour faire du « soufflage », c'est-à-dire mettre des cailloux sous les traverses pour combler le vide qui peut s'y trouver. Ils ne savaient pas ce que c'était, ils sont arrivés sans le matériel, donc ils ont fait demi-tour et ils sont rentrés chez eux. Une autre entreprise avait travaillé sur notre parcours pour y changer des traverses. En fin de chantier ils n'ont pas « bourré » les pièces. C'est-à-dire qu'ils n'ont pas calé le ballast sous la traverse pour en assurer la stabilité au passage d'un train. Ça n'a pas loupé, une semaine plus tard nous avons dû intervenir derrière eux quand les conducteurs ont appelé leurs chefs pour signaler un affaissement de la voie au passage de leurs machines sur cette zone. N'étant pas calée, la voie n'avait rien sur quoi s'appuyer. Cela peut créer, à terme, un déraillement parce que le défaut s'accentue avec le temps. Parfois, l'entreprise est mise sur le carreau, mais elle revient un ou deux mois après. Pour moi, c'est la manière dont sont traités les appels d'offres qui ne va pas.

Je n'ai rien contre les salariés de ces entreprises, il faut bien qu'ils se nourrissent. Ce sont des ouvriers comme moi, on sympathise sur les chantiers. Beaucoup de ces entreprises font appel à des intérimaires. Un jour, j'ai fait la connaissance d'un petit jeune qui était étudiant. La journée, il allait en cours et, la nuit, il travaillait sur les chantiers. La semaine précédente, il avait un autre boulot qui n'avait rien à voir avec le ferroviaire. C'est caricatural, mais ça existe. Et pendant ce temps, dans mon équipe, nous pratiquons de moins en moins et nous commençons à perdre un savoir-faire qui ne s'apprenait que dans les écoles de la SNCF, où les formateurs étaient des anciens qui avaient fait le même travail que nous. Maintenant ces enseignants sont de plus en plus des jeunes sortant d'écoles, qui connaissent les référentiels par cœur. Parfois, on s'amuse à les taquiner. On leur dit : « Oui, mais quand ça ne marche pas, tu fais quoi ? » Ils ne savent pas, mais ce n'est pas de leur faute. Moi, quand j'ai un doute sur quelque chose, je demande à mon « ATEN » (agent technique d'entretien). Comme tous les agents de maîtrise, c'est un ancien qui est monté. Il y a des processus internes pour cela : un cursus de base, des approfondissements, puis des qualifications à passer. Je pourrais essayer...

« Un rail, c'est 60 kg par mètre »

Ernest, agent de maintenance

Tous les jours, parfois les week-ends, je m'occupe de l'entretien des rails et de tout ce qui est aux abords des voies. Quand j'inspecte une traverse, c'est parce qu'elle est susceptible de se déplacer. Et ce n'est pas le jour où elle aura bougé qu'il faudra s'en occuper. Les traverses, on les porte à quatre, avec des pinces. On les monte à la main sur des talus, là où la voie est inaccessible aux véhicules.

Si je ne faisais qu'entretenir, ce serait lassant. Mais il nous arrive de remettre à neuf toute une voie sur une dizaine de kilomètres. Et là, c'est un chantier autrement passionnant. Le commun des mortels s'imagine que changer un rail, c'est juste le couper et souder un nouveau tronçon. Mais il y a des quantités de calculs à faire. C'est complexe. Une machine équipée d'une grue pose le rail sur le chantier. Ensuite il faut le mettre sur voie à la main avec des palans à manivelle montés sur trépied. Un rail, c'est 60 kg par mètre. On lève un peu, on pousse un peu, on avance petit à petit. C'est très physique. Au moment où on change un rail et où on en vérifie les cotes, je me dis que trois cents personnes vont passer dessus à chaque train.

Durant toute la durée du chantier, les trains continuent à rouler. Dans la brigade, on est sept cheminots pour vingt kilomètres de voie. Pour effectuer notre travail, on n'utilise que du petit appareil, des outils qui pèsent moins de 100 kg pour qu'à deux, on puisse les écarter des voies quand le train passe. Une chaîne d'annonce est mise en place. L'agent de sécurité qui se trouve être le chef de chantier ce jour-là prend trois gars et les dispose de manière à ce que chacun ait quatre cents mètres de visibilité. Dès qu'un train arrive, le premier agent en sentinelle, en amont, corne et relaie l'annonce aux autres qui cornent à leur tour. Au premier coup de corne, on enlève tout le matériel au plus vite. On n'a pas le droit à l'erreur. C'est pour ça que les voyageurs qui passent nous voient toujours à l'arrêt. Si des « annonceurs » fatigués ne cornent pas au bon moment, le train passe tout près ! Les sentinelles ont ma vie entre leurs mains. Il faut toujours que, pour un agent qui travaille, un autre surveille l'arrivée des trains, même si nos habits fluo, nos casques, nos gants, nos grosses chaussures de sécurité font que les conducteurs nous voient mieux. Je pense que c'est ça, aussi, qui soude les équipes, d'autant plus que les rôles tournent. En permutant, chacun connaît l'ensemble des tâches : on se fait confiance. Un jour où je bossais en gare, on s'est mis sur le quai à l'arrivée d'un train. Et voilà qu'un voyageur en est descendu en nous traitant de tous les noms parce qu'on ne faisait rien. Je lui ai répondu vertement que si on était restés sur les voies, on serait sous le train ! Il nous a regardés... Il est parti sans rien dire. Des situations comme celle-là font rire un moment. Ensuite ça devient usant. Quand on charrie les traverses le long des voies, personne ne le voit.

Mon travail consiste aussi à guider les manœuvres des trains qui amènent ou ramassent les traverses. Quand le convoi arrive en marche arrière dans une gare, je me poste dans le wagon de tête avec une radio : je suis les yeux du conducteur. Pour ça, j'ai suivi une formation spéciale de six semaines, grâce à laquelle je connais toute la signalétique du conducteur. J'ai le même cursus que lui, sauf la qualification de pilote. Dans l'équipe, on a pratiquement tous le même niveau de qualification.

Mais, aujourd'hui, une grande partie de notre mission est assurée par des entreprises privées. Elles viennent avec un chef qui connaît le travail, et des manutentionnaires qui n'ont pas de formation aux métiers ferroviaires. La veille, ils pouvaient être boulangers ou exercer un tout autre métier ! Beaucoup ne parlent pas français. Ils arrivent sur le chantier comme de simples manœuvres, totalement étrangers à la culture et à la passion du chemin de fer que partagent les cheminots. L'autre jour, j'avais deux gars devant moi en train de rouler un pétard avant de monter sur les voies où les trains circulent à 160 km/h. Ce n'était pas acceptable ! J'ai dû arrêter le chantier. J'en ai d'autres qui arrivent à 7 heures du matin à l'embauche après avoir voyagé la nuit depuis un autre chantier pour arriver ici au petit matin. J'ai la responsabilité de leur sécurité et de celle des autres... Aujourd'hui, je suis de plus en plus réduit à contrôler ce que font ces entreprises. Il s'agit de s'assurer que les trains pourront rouler quand leur travail aura été effectué. C'est moi qui signe les rapports de sécurité, le soir. C'est moi qui suis responsable. Ce n'est pas gratifiant de surveiller des gens toute la journée, ça fait un peu maton.

Et pendant ce temps j'entends que les cheminots travailleraient mal, qu'avec la concurrence, les trains seraient censés mieux rouler ! C'est un mensonge ! Les trains seront peut-être concurrents, mais le réseau sera toujours là et le retard, les pannes seront toujours les mêmes.

« J'étais "expert frein" »

Éric, agent technique de maintenance du matériel

À une époque, les trains de transport de véhicules automobiles qui venaient d'Italie entraient en gare de Saint-Jean-de-Maurienne avec les essieux portés au rouge : ils avaient chauffé dans la descente depuis Modane. C'était vraiment la misère. Il est arrivé que les essieux de dix-sept wagons soient à changer d'un coup. Il n'y avait même plus de quoi faire un train. La compagnie italienne qui gérait ces convois de voitures accusait toujours le tractionnaire, c'est-à-dire Fret SNCF. Et c'est cette dernière qui devait payer les essieux à chaque fois. Ça coûtait une fortune ! Mon rôle était de trouver pourquoi les roues arrivaient en surchauffe. J'ai fait des essais de freins une fois, deux fois, trois fois. Tout était conforme. Jusqu'au jour où je me suis aperçu que le problème venait des distributeurs qui, dans chaque wagon, font circuler l'air comprimé dans les différents organes du système de freinage. Le frein est, en effet, à 100 % pneumatique. L'air, fabriqué par un compresseur, est envoyé dans le circuit de frein, et ça desserre. Quand, au contraire, on enlève l'air, ça serre le frein. C'est ce qu'on appelle la « sécurité inversée ». Les distributeurs en question étaient conformes jusqu'à un certain point, puis restaient bloqués. Et, au bout de près d'une minute, ça desserrait. Apparemment, personne ne s'en était aperçu puisqu'à chaque contrôle, les ordinateurs validaient l'installation. Donc j'appelle mon chef : « Regarde, au lieu de desserrer en 60 secondes, il desserre en 80 secondes ou 120 secondes ! » C'était pendant cette période que les essieux chauffaient. Ça ne bloquait pas les roues, ça tournait en faisant un frottement. En plus de ça, j'avais trouvé une autre panne sur les freins des trains de voyageurs dont le temps de serrage était beaucoup trop rapide.

À quatre reprises, j'ai signalé ces problèmes à la compagnie italienne qui, à chaque fois, m'a répondu que ce n'était pas vrai. On a fini par leur dire : « Eh bien, venez voir ! » Donc, ils sont venus : « Ah, mais c'est normal. Chez nous, ça marche. » Et ils nous ont transmis les normes TransItalia, différentes de celles de la SNCF qui applique la norme européenne. On a fait des essais. On y a passé une journée. On a terminé à 8 heures du soir. Ils n'ont pas voulu reconnaître leurs torts. Finalement, mon chef a dit : « Moi, les wagons italiens, je n'en veux plus. » Et on n'en a plus entendu parler. C'est une histoire qui m'a pris la tête !

Résoudre les incidents de freins, c'est ce que j'ai fait pendant une grande partie de ma carrière. J'étais « expert frein ». Les personnels des entreprises propriétaires du matériel venaient me dire : « Mon wagon a eu un incident. Donc je veux une expertise. » Deux cas possibles, ou bien ils l'amenaient chez nous, ou bien j'allais sur place. Ce qui m'obligeait à me rendre assez loin dans toute la région : Modane, Dole. Je suis allé plus loin que Le Puy, en plein milieu de la campagne, ainsi qu'à Vénissieux, Saint-Étienne, etc. Pour trouver la cause des pannes, il fallait arrêter le train, isoler les circuits des wagons incriminés ; quand ce n'était pas possible, sortir le wagon de la composition du train. Ça créait d'énormes perturbations et ça coûtait très cher. Quelquefois s'y ajoutaient des dégradations de roues, d'essieux. Comme tout cela est facturé et que les wagons appartiennent à toutes sortes de sociétés, j'avais à déterminer où étaient les responsabilités pour chaque incident. Le problème était-il imputable au matériel lui-même ou au tractionnaire, c'est-à-dire à la façon dont on avait tiré le train ? C'était ça, mon travail.

Dans un premier temps, je ne démontais pas, je ne devais rien toucher, puisque la SNCF n'est que prestataire. Il me fallait d'abord observer et comprendre. La plupart du temps, le problème était flagrant. Par exemple, au moment où tu mets l'air, tu vois que le cylindre de frein ne desserre pas, et s'il ne veut pas revenir, le frein reste serré, même quand il y a de l'air. La raison peut être d'origine mécanique. Dans ce cas, c'est l'entretien du matériel qui est en cause : les axes se sont grippés. À ce moment-là, c'est le propriétaire qui va payer. C'est à lui d'entretenir son matériel.

Pour une expertise, un essai de freins, il faut compter trois à quatre heures. Je vérifie si le manomètre m'indique une pression insuffisante dans le circuit d'air comprimé. Lorsque l'environnement n'est pas trop bruyant, je cherche la fuite à l'oreille. D'abord couper le circuit au milieu de la rame et isoler ainsi dix wagons. Refaire l'étanchéité. Si la pression est bonne, rajouter des wagons jusqu'à ce que je tombe sur l'endroit où ça ne marche pas. On peut aussi utiliser les bombes de produits moussants, tout simplement. C'est du savon. Et on trouve les fuites comme ça. Dans quatre-vingt-dix cas sur cent, le problème se situe au niveau du tuyau de raccordement entre les véhicules, parce que les joints sont très sollicités. Les freins, ce sont des pièces d'usure. On en remplace des centaines.

Quand les entreprises privées se sont mises à faire, comme nous, la vérification du bon état et de la conformité des freins des trains, elles ont privilégié la productivité au détriment de la qualité. Les joints que nous utilisons sont garantis vingt-quatre ans. Et ils tiennent vingt-quatre ans ! On les contrôle tous les six ans. La date de mise en fonction de chaque pièce est frappée. Il y a des documents pour indiquer la date de révision. Quand on reçoit un ordre de travail, l'historique nous est transmis informatiquement, en codes. Quand les boîtes privées ont obtenu le marché, on a commencé à avoir des incidents. Les joints étaient fendus, ils se sont tous mis à fuir ! Au bout de trois ans, quand on les prenait à la main, ils étaient friables : une sorte de caoutchouc mousse !! On en a réparé toute une série, comme ça. C'était facile. Les wagons rentraient, je mettais l'air, j'entendais ssssss ! Je m'armais de la clé de 24, je démontais le distributeur, je prenais un joint neuf, je le remontais. Un peu d'air et hop, ça repartait !

Au début de ma carrière, j'ai aussi été amené à vérifier toutes sortes de trains qui appartenaient à des sociétés qui entretenaient plus ou moins bien leur matériel. Je n'aimais pas les wagons de sel. Ils étaient rouillés à un point inimaginable ! Même si la trémie – le wagon en inox – était étanche et en bon état, tout ce qui était autour n'était qu'un tas de rouille. Il fallait lubrifier avec des graisses au cuivre, très spéciales, toxiques. On en utilisait très peu.

La société aurait dû faire la révision complète tous les deux ans. Elle la faisait tous les six ans... Ça marchait tant qu'il n'y avait pas de problème. J'ai eu à changer des réservoirs de cinq ans archi-pourris ! Les axes de frein – et tout ce qui bougeait – étaient complètement grippés ! J'ai passé des heures au chalumeau pour chauffer, chauffer... Je ne risquais pas de mettre le feu : le sel, ça ne brûle pas !

En revanche, pour les wagons-citernes qui transportaient des produits dangereux, il y avait des procédures spéciales. On était à côté de Feyzin. J'ai beaucoup travaillé avec la raffinerie et avec Rhône-Gaz. Il y avait des wagons où je pouvais utiliser le chalumeau, mais d'autres auprès desquels je ne pouvais même pas allumer un briquet. C'était au cas par cas. Il fallait alors que je me débrouille sans chauffer, sans taper. Mais je dois reconnaître que les wagons-citernes étaient tous en bon état parce qu'ils n'étaient pas malmenés. Ce n'était pas comme les tombereaux dans lesquels on transporte de la ferraille, des gravats, du ballast, des machins... un peu n'importe quoi. Ils sont secoués, ils sont chargés à bloc. La ferraille est saisie à la pince ou à l'électroaimant et lâchée à six mètres de haut. Pas étonnant si les wagons sont défoncés dessus, dessous, sur les côtés. Pour les décharger, ils sont pris par deux pinces, on les lève, on les retourne. Tout dégringole en vrac. Les wagons sont ensuite redéposés sur les rails et c'est le tour du suivant... J'ai vu des wagons dans un état ! Une vraie catastrophe ! Parfois, le travail de redressage était délicat, d'autres fois mes collègues devaient y aller à la masse. Ils en ont détordu carrément à la tractopelle. Ils coinçaient le wagon comme ils pouvaient, entre deux poteaux... et ils poussaient un grand coup... ! Ah, oui, ça, je l'ai vu ! C'était du Zola !

« Nous sommes les carrossiers de la SNCF »

Vincent, chaudronnier

Je viens de fabriquer une porte. Elle était abîmée, il fallait la changer. Demain, je ferai une rambarde, après-demain, j'irai peut-être changer la poutrelle d'un chariot, fabriquer un carter pour une machine, une rehausse pour que les agents ne soient plus obligés de se baisser... Je fais en fonction des demandes d'intervention que je reçois. Elles vont de S-0 à S-4 et de P-0 à P-4. « S », ce sont les demandes de sécurité. Pour une demande S-0, il faut intervenir dans la journée pour régler un problème de sécurité. S-4, c'est aussi un problème de sécurité mais ça n'engage pas l'intégrité physique des agents. C'est la même chose pour les demandes « P », production. Plus on s'approche du P-0, plus c'est urgent. Quand je vois P-0, c'est qu'il faut intervenir quasi immédiatement. Par exemple, si je suis en train de travailler sur un aménagement de chantier classé P-3, et que mon chef m'apporte un P-0, je mets le P-3 en stand-by. C'est pesant parce que ça coupe ce que je suis en train de faire, mais c'est intéressant parce qu'il n'y a pas de monotonie. Dernièrement, je suis allé poser des grilles sur des soupiraux à l'autre bout du site. Ils avaient été défoncés par un car et les rats entraient. J'ai fabriqué des cadres, vite fait, et on est allés poser des grilles. Je suis au service de la production pour qu'elle fonctionne au mieux. Il m'arrive même de travailler le samedi matin car certaines machines ne s'arrêtent que le vendredi soir, et il faut qu'elles soient opérationnelles le lundi. C'est toute une organisation.

J'aime bien ce métier parce que j'ai l'impression de créer quelque chose. Moi, je suis chaudronnier-soudeur de formation. Mais à la SNCF, on a soit des chaudronniers, soit des soudeurs. Quand je suis arrivé à la SNCF, on m'a dit que j'étais un « choumac ». C'est comme cela qu'on appelle les chaudronniers. Mais chaudronnier à la SNCF, c'est particulier. En tant que tel, je mets la pièce en place mais je n'ai pas le droit de la souder. Dans tous les métiers à la SNCF on a des normes très spécifiques, des modes opératoires qu'il faut respecter à la lettre, c'est une affaire de sécurité. Depuis vingt ans, j'ai toujours été ici, aux ateliers de Quatre-Mares. C'est le technicentre de Rouen, mais nous disons Quatre-Mares.

Les technicentres sont des grosses unités, de 400 à 1 000 personnes. La maintenance la plus simple, de niveau 1, est faite dans les gares. Les niveaux 2 et 3 sont traités dans les dépôts, les technicentres font la maintenance de niveaux 4 et 5 : de grosses interventions, des réparations de pièces.

Dans mon technicentre, on travaille surtout sur les locomotives de fret. Quand j'ai commencé, on faisait les loco 66 000, du diesel, et les 25 000, de l'électrique. Et on faisait cela pour toute la France. Il y a une dizaine de technicentres en France, chacun est spécialisé sur un matériel et travaille différemment. Par exemple, Laroche-Migennes fait beaucoup de TGV, Périgueux répare les voitures Corail. Une loco à réparer n'a plus le droit de faire de traction. Il faut la remorquer et ça peut prendre trois semaines pour lui faire traverser la France. Pour peu qu'elle ait un problème de freins, il faut l'isoler et ce sont des protocoles compliqués. C'est très rare qu'une machine arrive physiquement chez nous en roulant. Je suis allé travailler dans d'autres technicentres, en renfort, quand il y avait des charges de travail importantes : Saint-Pierre-des-Corps, Bischheim, Laroche-Migennes... Je me suis rendu aussi dans des dépôts, parce que la machine n'était pas remorquable. Il fallait réparer sur place : à Marseille, Avignon, Hendaye... Ça permet de voir d'autres cheminots, d'autres coutumes, d'autres savoir-faire. Des gens qui font avec les moyens qu'ils ont.

Pendant dix-sept ans, j'ai travaillé sur tout ce qui est structure des locomotives, châssis, parois, carrosserie, bougies, essieux... Je faisais des modifications sur les châssis, des réparations après accident. Quand une locomotive tape sur un passage à niveau, si c'est réparable, on répare. Si, par exemple, toute la cabine de la loco est enfoncée, on découpe l'avant, et ensuite on travaille avec des tôles qui font 15 à 20 millimètres d'épaisseur. Une loco, c'est de la grosse tôlerie. Et nous, nous sommes les carrossiers de la SNCF. Les techniques de base sont les mêmes que partout ailleurs, c'est la mise en application qui est différente. On fait du sur-mesure. On a des plans, et on refait les pièces. Pour l'instant, nous sommes les seuls, en France, à être capables de faire ces réparations. La loco pouvant tracter des trains qui peuvent transporter aussi bien des petits pois que cinq cents voyageurs, la marge de manœuvre est quasi nulle. Il m'est arrivé de refuser de faire des boulots parce qu'on me demandait une réparation alors qu'il fallait changer la pièce. J'ai dit non. Même si on insistait pour que la machine ressorte. Pour moi, personnellement, ce n'est pas difficile de dire non si je pense que la pièce doit être changée, parce que je sais que je suis dans mon bon droit et que si je monte un peu plus haut dans la hiérarchie, que je vais voir le bureau des méthodes, expliquer que la pièce peut casser dans quelques mois, alors on la changera. Techniquement, je sais de quoi je parle. Et si je ne sais pas, je vais me référer aux normes. Si la fissure fait 7 millimètres et que dans le document il est marqué qu'on change la pièce quand la fissure fait 10 millimètres, je répare. Si je suis à 12 millimètres, je dis non. La norme est un document SNCF, personne ne peut s'y opposer. Surtout que cela m'engage personnellement. Les réparations sont suivies, on sait qui a travaillé sur quelle machine et on le retrouve quand il y a un accident. Et s'il y a des blessures corporelles, même si l'entreprise veut me couvrir, il y aura obligatoirement du pénal. Il n'y a pas d'ambiguïté là-dessus.

Aujourd'hui, je ne fais plus de très grosses pièces comme du temps où j'étais chaudronnier sur les locomotives. Je pouvais alors faire un peu tout le temps la même chose, pendant plusieurs années. Je ne faisais que de la chaudronnerie. Je connaissais la chaîne de production parce que je savais ce qui se passait après. Par exemple, les peintres venaient voir si on avait fini et ils commençaient à peindre pendant qu'on rangeait. Maintenant, à la maintenance, j'ai un éventail beaucoup plus large. C'est vraiment intéressant. Je travaille dans tous les ateliers : les calages des roues, le polyester, les TGV. Mon chef m'apporte les demandes et, selon les besoins, il me dit : « Il faut le faire maintenant » ou « Il faudrait que ce soit fait dans deux semaines ». Ensuite, c'est moi qui gère. Si j'ai besoin de fournitures ou de matière, je les commande. J'ai beaucoup plus d'autonomie qu'avant.

J'ai gagné aussi en confort. Comme, maintenant, je suis au marbre la plupart du temps, je me positionne comme je veux. Les coursives de machine ne sont pas larges. Quand je devais poser un chemin de câble, moi qui fais 1 mètre 85, je commençais par me plier. Rester à genoux sur les gouttières, on ne le fait qu'une fois. C'est un coup à rester bloqué, même si on a des bleus spéciaux pour mettre des protections à l'intérieur. Les conditions de travail ont évolué mais restent assez contraignantes. Une locomotive, ça reste un espace exigu.

Ici, à Quatre-Mares, on est sur plus de quatre hectares. On pourrait rentrer toute une rame de TGV dans le hall principal. Il y a toujours de l'activité dans les ateliers. On ne se sent jamais seul. Et même quand on se croit seul, il y a toujours quelqu'un dans un bureau au-dessus ou ailleurs. Le matin, on serre la main à cent ou deux cents personnes. On ne connaît pas les noms, on connaît les surnoms ou les prénoms de ceux qu'on côtoie souvent.

Mon père était roulant, mon grand-père était chef d'équipe sur les voies. Rentrer à la SNCF, c'était rentrer dans la famille, un peu comme les fils de flics qui rentrent dans la police. C'est une continuité. Au départ, je ne voulais pas rentrer à la SNCF, parce que c'était l'entreprise qui m'avait pris mon père aux Noëls et les Jours de l'an. Il était toujours en horaires décalés, je ne le voyais quasiment jamais. Avec mon BEP CAP de chaudronnerie, j'ai fait de l'atelier, du chantier, de la charpente, j'ai même participé au pont de Normandie. C'était de l'intérim ou des contrats en CDD. En janvier 1997, je suis entré à la SNCF parce qu'il fallait que je trouve un boulot plus stable. Quand je suis allé passer l'examen à Clichy-Levallois, cela faisait un an jour pour jour que mon grand-père était décédé. J'avais le sentiment qu'il était avec moi et qu'il ne pouvait rien m'arriver. Pour lui et pour les gens de sa génération, la SNCF, c'était la famille. Je suis fier d'être la troisième génération de cheminots.

Chapitre 4

Derrière les guichets

Dans la galerie des métiers de la famille cheminote, celles et ceux qui sont chargés de délivrer les billets aux voyageurs étaient d'abord appelés les « vendeurs de carton ». Au début du chemin de fer, les premiers billets étaient en effet cartonnés... Rapidement leur support a changé et les préposés au guichet des gares sont devenus des « vendeurs de papier ». Aujourd'hui, la généralisation de la vente sur Internet à l'exclusion de tout autre moyen est en train de devenir la norme. On peut comprendre que la vente électronique soit plus pratique pour une partie du public mais pourquoi faire de ce canal l'unique moyen de se procurer un billet, comme veut l'imposer la direction de la SNCF ? Une personne qui ne dispose pas d'ordinateur ou qui est peu familière d'Internet pourra-t-elle encore prendre le train ? Au Mans, par exemple, les guichets de la gare sont fermés le dimanche. Une personne non connectée à Internet et ne disposant pas de carte bancaire se trouvera donc dans l'obligation de prendre son billet à bord du train où elle paiera un supplément. Plus de guichets, plus de papier... Les « vendeurs de papier » sont en fait menacés de devenir des vendeurs de rien du tout... Et on ira ensuite se plaindre de la fracture numérique qui précarise ceux qui sont déjà précaires. En attendant, la SNCF taille dans le vif de ses services dans les gares :

depuis septembre 2018, 900 emplois ont été supprimés, dont 400 aux guichets.

Ce changement n'est pas anodin. Peu à peu, dans le vocabulaire des agents, y compris ceux qui défendent le service public du chemin de fer, le mot « client » a remplacé celui d'« usager ». Servir l'usager et servir le client, ce n'est pourtant pas la même chose. L'usager a besoin de voyager ou de faire transporter des marchandises : les agents du service public ferroviaire vont s'efforcer de répondre au mieux à ce besoin. Le client, lui, a une demande. Dans une logique de marché, l'entreprise va tout faire non seulement pour satisfaire cette demande mais pour lui proposer d'autres produits : par exemple une location de voiture, une chambre d'hôtel, un séjour dans un parc de loisirs, etc. Ce qui importe, ici, c'est de vendre, y compris en créant le besoin s'il n'est pas exprimé. Cela est si vrai que la SNCF a mis en place ce qu'elle appelle des « clients mystère ». Ces personnes mandatées par la direction demandent des billets de train aux « vendeurs de papier » et vérifient scrupuleusement si ces derniers leur ont bien proposé d'acheter toute la gamme des produits susceptibles d'accompagner le voyage ou de le prolonger. Le « client mystère » rédigera ensuite un rapport sur l'agent qu'il a testé et notera sa capacité à répondre aux besoins du marché et non à ceux des usagers. En fait, cette logique marchande voudrait transformer les agents rendant service aux usagers en margoulins, ces marchands peu scrupuleux qui allaient de village en village.

« Ça, c'est la culture cheminote »

Antoine, vendeur en gare

Depuis vingt-sept ans que je suis derrière les guichets de la gare, j'ai fini par développer un sixième sens. Dès que quelqu'un entre, je vois si c'est un client mécontent ou pas. Je sais comment je vais l'appréhender. Dernièrement, j'ai eu affaire à un habitué qui est arrivé l'air maussade. Il exigeait de partir dans l'heure. À l'avance il pestait contre le prix qu'il prévoyait prohibitif. Pour son billet, il s'apprêtait à débourser quelque chose comme 120 euros... Pendant qu'il râlait, je pianotais sur mon ordinateur, et je lui ai trouvé un billet à 50 euros. Évidemment, il a tout de suite changé de ton. Il a été très satisfait et il est reparti avec un autre état d'esprit... Voilà. C'est ça, ma mission. Vendre des billets, mais surtout donner beaucoup de conseils pour bien gérer les correspondances et voyager au meilleur prix.

En fait, au fil des ans, avec le développement des nouvelles technologies, je vends de moins en moins et je conseille de plus en plus. Mon activité, c'est 20 % de vente et 80 % de conseil. Beaucoup de gens vont d'abord consulter le site Internet de la SNCF avant de venir me voir pour comparer les montants à payer et s'assurer du parcours. Je leur explique que sur le Net, ils peuvent tomber sur des supers tarifs, mais qu'ils ne voient pas forcément les trois changements qu'ils auront à faire ni les détours qui vont rallonger la durée du parcours. Ils passent sur les détails pour se focaliser sur le prix. La gare de départ et celle d'arrivée sont certes les bonnes, mais, s'ils regardent de plus près, ils s'apercevront qu'au lieu de rester deux heures dans le train, ils y seront une ou deux heures de plus. Beaucoup se trompent sur les tarifs ou évaluent mal le temps qu'il faudra compter pour changer de gare à Paris.

Avec l'évolution du métier, c'est aussi la « culture cheminote » qui a changé. À l'époque où je suis entré à la SNCF, en 1991, je trouve qu'il y avait une plus grande solidarité que maintenant. On se serrait les coudes. Quand j'étais en région parisienne, une collègue avait eu un incendie dans son appartement. Elle se retrouvait sans rien avec deux enfants. C'est une autre collègue qui l'a logée. À la gare, les contrôleurs, les mécanos et tous ceux qui la connaissaient ont mis en place un fonds solidaire. Tout le monde a donné. Ça lui a permis de rebondir. Ça, c'est la culture cheminote.

Est-ce un effet du management ou des difficultés que rencontre l'entreprise ? Toujours est-il que maintenant, j'ai l'impression que les agents viennent faire leur boulot, point barre. Alors que j'ai commencé par travailler peut-être dix ans sur le même chantier, les nouveaux agents vont passer deux ans ici, deux ans ailleurs. Ce n'est pas un temps suffisant pour nouer des liens avec les collègues et entretenir ensemble l'esprit du service public.

Pour ce qui me concerne, j'ai conservé des relations avec d'autres corps de métier de la SNCF, même dans la vie privée. Je veux continuer à défendre cet esprit-là.

« Heureusement, j'ai aussi de bons souvenirs »

Jessie, vendeuse en gare

Je venais juste d'être embauchée dans une gare de la région parisienne. Je travaillais à un guichet derrière un grand comptoir muni d'une simple vitre. Un client me dit : « Vous savez, il y a un drôle de colis posé là... » Comme le guichet voisin n'était pas en service, rideau baissé, je ne pouvais pas le voir. Évidemment, je suis sortie. C'était effectivement un colis déposé sur le comptoir. Par-dessus, il y avait un bébé couché dans un couffin. Le papa et la maman, sans doute absorbés par leurs préoccupations, l'avaient mis de côté au moment où je leur donnais leurs billets. Et ils étaient partis en le laissant là. J'ai pris le nourrisson, j'ai appelé ma responsable, alerté les pompiers et je me suis occupée du bébé pendant une demi-heure derrière le guichet. Les clients qui passaient me faisaient des réflexions :

« Dites donc, vous ne vous embêtez pas, vous gardez votre enfant pendant le travail...

– Non, non ! On vient juste de l'oublier sur le comptoir. »

J'ai reconnu les parents quand ils sont revenus. Ma responsable s'est assurée de leur identité. C'était une toute jeune maman qui avait l'air de sortir de la maternité, et un papa un peu paumé. Comme ils avaient besoin de changer leurs billets, je les leur ai donnés en ajoutant : « Et, cette fois, n'allez pas oublier votre bébé ! ... »

Au guichet, il y a aussi les mécontents. En région parisienne, où j'ai fait mes débuts, les clients sont beaucoup plus stressés qu'en province. Ça n'a rien à voir avec la gare où j'exerce actuellement, loin de Paris. Il y a plus de trains, plus de possibilités... Et puis, ça bouge tellement ! Il faut que ça suive. En Île-de-France, les voyageurs ne disent pas bonjour en arrivant au guichet. J'en ai vu poser l'argent dans le tiroir coulissant, le pousser vers moi. Et puis voilà. Il faut deviner quelle est leur destination.

« Bonjour. Vous allez où ?

– À Paris, évidemment ! »

Il y a les gens qui n'ont pas de monnaie. Et les fraudeurs qui prennent un billet pour la gare d'à côté afin de payer moins cher.

« Je vous signale que ce train ne s'arrête pas dans cette gare. Il est direct jusqu'à telle station. Si vous êtes contrôlé, vous paierez une amende...

– Je ne vous demande pas de réfléchir. Donnez-moi ce billet ! »

Heureusement, j'ai aussi de bons souvenirs. Je pense à ce couple revenu m'apporter des cartes postales du Maroc. Ils avaient fait le voyage en train et c'est moi qui avais composé leur itinéraire avec tous les changements, les correspondances, jusqu'à l'embarquement de la voiture sur le ferry. Il faut savoir que les réservations dépendaient d'un service espagnol qui n'était pas ouvert tout le temps.

Ils étaient très contents de leur voyage et, à leur retour, ils avaient tenu à venir me remercier à la gare.

« L'usager pense que je peux tout faire »

Shawn, guichetier

La voyageuse s'était fait escroquer par le chauffeur du taxi qui l'avait conduite depuis l'aéroport de Roissy. Elle était là avec ses deux enfants et il lui manquait 50 euros pour payer ses billets. Alors nous nous sommes cotisés avec les collègues de la boutique, chacun a donné un peu et elle a pu prendre son train. Nous étions fiers de nous. Pas question de prélever cet argent dans les caisses ! Nous manipulons de l'argent en espèces et chacun est personnellement responsable de sa caisse. Je touche une prime de caisse de 20 euros par mois. S'il manque de l'argent, la somme sera déduite de cette prime pendant le nombre de mois nécessaires pour la rembourser.

Nous avons des objectifs trimestriels par équipe et par chantier. Dans le jargon cheminot, les « chantiers » sont nos lieux de travail. Pour moi, c'est le point de vente : une boutique ou un guichet. J'ai des objectifs à atteindre pour la partie commerciale, comme pour les renseignements que j'apporte aux usagers. Ces derniers perçoivent le train comme un moyen de transport onéreux. Donc je leur cherche des tarifs avantageux. Quelles que soient la situation ou la classe d'âge, je trouve en général une carte de réduction qui peut s'appliquer.

On pourrait me rappeler que mon souci de l'usager n'est pas aussi désintéressé puisque je suis commissionné : lorsque je vends une carte d'abonnement, je touche une prime. Si, par exemple, je vends une carte week-end – c'est la plus chère – à 75 euros, je touche... 10 centimes. J'ai aussi des objectifs sur les dossiers clients, c'est-à-dire sur le recueil des renseignements qui les concernent. Ça peut être utile, par exemple pour qu'ils soient informés en cas de besoin, parce qu'ils ont donné leur numéro de téléphone ou leur e-mail. Parfois, c'est intrusif. Je ne me sens pas à l'aise pour dire : « Bonjour Madame. Dites-moi : quels sont vos nom, prénom, date de naissance, numéro de téléphone et e-mail ? » Alors que la personne veut simplement se déplacer en train. Mais, dans un certain nombre de cas, je ne peux pas émettre un billet si je n'ai pas rentré les coordonnées du voyageur dans la machine. Et ça ressemble à une manière de constituer un fichier clientèle qui pourrait se revendre très cher. Il y a des entreprises qui l'ont fait ! Et ça, je ne suis pas pour. Donc je ne demande les renseignements à l'usager que si je pense que ça va dans le sens de son intérêt.

Par ailleurs, les usagers viennent souvent en boutique parce qu'ils ont un problème à résoudre. Par exemple, si quelqu'un s'est procuré un billet sur Internet et qu'il veut le modifier ou obtenir un remboursement, il pense que je peux tout faire puisqu'il a acheté un titre de transport pour utiliser le service public que je représente. Or, s'il a obtenu ce billet sur un autre site Internet que celui de la SNCF, je ne peux rien faire pour lui. Et ça, en général, il ne le comprend pas.

Beaucoup viennent aussi parce que les applications informatiques ne sont pas toujours fiables. Les professionnels disposent d'une application dédiée pour acheter leurs billets. Ce sont de gros clients, et souvent des personnes extrêmement occupées, qui enchaînent les réunions d'une ville à l'autre. Quand il y a des bugs, ils sont obligés de se rendre en gare pour retirer leurs billets alors qu'ils ont autre chose à faire que de venir me voir ! Jadis, ils se présentaient au guichet dans un face-à-face un peu hostile avec l'employé, chacun d'un côté de la vitre. Maintenant, ils viennent en boutique, sans séparation ni cloisonnement entre l'agent et l'usager. La gare de Montpellier a été le laboratoire pour ce nouveau concept. Dans ces nouveaux espaces, les personnes se déplacent. Elles choisissent entre une zone dite de départ immédiat et une zone dite de confort, où l'on attend davantage mais dans de meilleures conditions. C'est beaucoup plus convivial. Mais cela peut se retourner contre nous, comme le jour où un client que j'ai reçu à l'accueil-vente m'a soudain lâché pour faire le tour des bureaux, dire un mot à un collègue, donner une accolade à un autre... Heureusement, une personne présente a compris son manège et lui a ordonné de déposer le téléphone qu'il venait de voler à mon collègue. C'était un pickpocket.

« Mon travail, c'est le conseil avant la vente »

Patricia, agent commercial

Sa femme était en train d'accoucher à Marseille, c'était un jour de grand départ. À Paris, le dernier train allait partir et il était bondé. Avec l'aide du chef d'escale, qui est maître de tous les départs de trains, j'ai finalement pu faire monter le futur papa dans le train. Ça m'a mis du baume au cœur de lire la joie sur son visage quand je lui ai trouvé une solution ; de me dire que j'avais aidé quelqu'un, qu'il n'était pas juste un numéro. Parfois c'est moins drôle, comme ce voyageur dont le père venait de décéder et qui devait grimper dans un train. Là aussi, j'ai réussi à me battre pour lui, à lui trouver une place, à faire mon métier.

Mon travail, c'est le conseil avant la vente : des propositions commerciales pour faire économiser de l'argent, des solutions pour voyager avec des enfants, pour résoudre des problèmes de mobilité. Par exemple, je propose des services destinés aux personnes d'un certain âge, pour aller les chercher à domicile, vérifier qu'elles ont coupé le gaz, porter leurs bagages, les conduire à la gare. Une fois en gare, une autre filiale de la SNCF peut les prendre en charge et les accompagner au train. Mon métier, c'est de leur proposer tout le confort possible pour voyager dans de bonnes conditions. Mais, de plus en plus, on nous enlève ce côté humain ; il faut faire du chiffre, du rendement. Pourtant, j'ai besoin de passer du temps avec chaque personne pour répondre à ses questions. Je suis là pour ça et c'est mon travail. Je comprends bien que cela crée de l'attente, mais, d'un autre côté, la SNCF propose énormément de services et il faut aider les usagers à les utiliser à bon escient. Si le client se plaint parce qu'il fait trop la queue, je lui dis : « La prochaine fois, prenez un rendez-vous à la gare. Vous venez, vous achetez votre billet, c'est plus simple pour vous. » On peut prévoir des rendez-vous, ce service est en place depuis bientôt trois ans. Encore faut-il le savoir !

Au guichet, ce sont les usagers qui viennent à nous et on en arrive à faire plus de gestion de problèmes que de vente ou de conseil. Je vois passer beaucoup de gens qui m'expliquent leurs difficultés. Par exemple, certains viennent avec leurs dossiers d'allocations familiales pour faire partir les enfants en famille d'accueil. Il y a aussi des gens qui ont du mal à comprendre. Je pense à une voyageuse qui voulait un billet pour un train de nuit. Ça m'a pris quarante-cinq minutes parce qu'elle n'arrivait pas à assimiler que les trains de nuit étaient supprimés. Un jour, une autre me demande de retirer des billets d'avion qu'elle avait achetés sur le site sncf.com. C'est une agence de voyages qui vend des nuits d'hôtel et des billets d'avion, mais il est techniquement impossible de les retirer en gare. Et elle n'en démordait pas : elle avait acheté des billets SNCF. Même chose avec un client qui avait loupé son train à cause d'un problème de RER. Pour lui, RER ou TGV c'est toujours la SNCF, alors que c'est totalement indépendant. Donc, je ne vais pas pouvoir faire un geste commercial ou lui changer son billet. Ça va lui coûter 130 euros de plus pour faire Paris-Nice, alors qu'il a eu un problème avec le RER.

Ça peut très vite monter en pression. Par exemple, le voyageur qui prend une contravention dans le train aura une première information auprès du contrôleur. En gare, il se peut que l'agent d'escale lui donne une deuxième explication. Et quand, à la fin, il arrive à mon guichet, si je lui donne une troisième version qui ne le satisfait pas, il va déverser toute sa frustration sur moi. En général, j'ai assez d'expérience et de diplomatie pour m'en sortir. Parfois, je dois appeler mon responsable pour qu'il vienne m'aider à décanter la situation. Généralement, ça marche parce que mon supérieur donne l'impression qu'il va comprendre le point de vue de l'usager. Son rôle est d'analyser calmement tous les aspects du problème. Dans ces circonstances, il est important que je me sente soutenue, même si je n'ai pas raison, mais il est essentiel que l'usager obtienne la bonne explication.

Dans cet espace décloisonné, ça peut facilement déraper avec les gens qui n'ont pas de self-control. Quand nous en étions encore à la rangée de guichets derrière le comptoir, on m'a craché sur la vitre, mais ça n'est pas allé plus loin. Je me sentais alors plus en sécurité que dans la boutique en espace ouvert. Là, un client a essayé de me balancer l'écran de mon ordinateur dessus. Heureusement, il a été retenu par l'agent de sécurité. Ce n'est pas fréquent, ça n'arrive que de temps en temps, mais ces situations sont de plus en plus violentes. D'un autre côté, c'est bien aussi d'entendre les collègues qui sont à côté. On peut alors aider un CDD ou un intérimaire qui ne connaît pas forcément tout, et rectifier ses erreurs tout en veillant à ce que le client ne s'imagine pas que l'apprenti vendeur a essayé de le tromper.

« Ici, je connais tous les usagers »

Geneviève, agent commercial dans une petite gare

On en parlait depuis que je suis arrivée ici, il y a près de quinze ans. Maintenant, c'est fait, la boutique SNCF est fermée. Pourtant, cette gare marchait très bien, nous faisions plus d'un million d'euros de recettes par an. Heureusement, la vente est reprise par le syndicat des transports urbains. Les gens continueront à pouvoir acheter leurs billets de train pour se déplacer en France ou à l'étranger. Londres, Bruxelles : nous vendons beaucoup de billets à des clients étrangers qui ont acheté des maisons en France. Aujourd'hui je suis rattachée à une autre gare, mais je reste encore ici cet été pour terminer la formation de Véronique, la personne du syndicat des transports urbains qui reprend. J'ai besoin d'être assurée qu'elle a tous les éléments, que mes clients vont être bien servis. C'est important pour moi, ça fait quatorze ans que je suis ici, c'était un peu chez moi, cette gare, je vivais ici. C'est quatorze ans de vie et maintenant on ferme le livre.

Depuis que j'ai commencé à former Véronique, je suis rassurée, je laisse les usagers entre de bonnes mains. Mais elle ne peut pas faire tout ce que je faisais dans la boutique

SNCF, comme les remboursements de billets ou les paiements avec des chèques-vacances. Pour échanger un billet, il faudra que le nouvel achat soit d'un montant supérieur au précédent, au moins de quelques centimes. En fait, elle a un poste simplifié, où elle n'a pas les accès et les droits qu'ont les vendeurs SNCF. Par exemple, des voyageurs qui ont acheté des billets ici juste avant la fermeture du guichet SNCF ne pouvaient plus les échanger. Je suis donc allée le faire moi-même à ma gare de rattachement.

Même si le service n'est plus tout à fait le même, je préfère que quelqu'un puisse conseiller et vendre des billets plutôt que de voir la gare complètement fermée. Sinon, les gens iront sur Internet, comme le veut l'entreprise : nos supérieurs insistent pour qu'on dise et redise aux usagers de se servir de leur ordinateur. Internet, c'est nouveau, les clients y vont... et ils reviennent à la boutique. Beaucoup ont du mal avec l'informatique. Un jour, un vieux monsieur est arrivé en me disant qu'il avait fait une bêtise. Il avait cliqué plusieurs fois et s'était retrouvé avec six billets non remboursables. J'ai pu me débrouiller pour les lui reprendre. Il y a aussi beaucoup de jeunes qui reviennent au guichet parce qu'Internet ne leur propose pas ce qu'ils recherchent, ne prend pas toutes les cartes de réduction, et ne donne aucun conseil. Par exemple, un voyageur avait payé plein pot en ligne un billet aller-retour pour Paris avec un week-end inclus. Comme le site ne propose pas les cartes de réduction, je lui ai repris ses billets, je les lui ai refaits avec la carte et, au total, il y a gagné de l'argent. C'est comme cela que les usagers reviennent nous voir, surtout depuis que le nouveau site Internet est en service. C'est une galère. On ne peut plus faire comme on le faisait sur l'ancien. Certaines annulations de billets ne sont pas possibles. Les gens nous disent : « On m'a informé qu'il fallait que je revienne en gare pour annuler mon billet. » Effectivement, j'ai essayé : le nouveau site ne rembourse pas, alors que sur l'ancien on pouvait supprimer un billet. Par moments, ça n'est pas évident, surtout avec la régionalisation qui a transféré la gestion des TER aux régions. Chacune décide de sa tarification, a ses propres cartes commerciales et propose ses propres tarifs à ses abonnés. Si une personne traverse plusieurs régions en TER, je ne trouve plus son trajet dans l'ordinateur. Il ne s'affiche pas. Je dois chercher chaque portion, lui faire autant de billets que de régions, et elle perd la dégressivité kilométrique sur le prix du billet. Ceux qui achètent souvent des billets s'en aperçoivent.

C'est une petite gare, ici. Je ne suis pas originaire de la région, mais je connais tous les usagers, c'est familial. Certains m'envoient même des cartes postales. Je sais ce qu'ils veulent. Je sais que pour Monsieur Untel, c'est un voyage pour Paris. Parfois, ils nous charrient : « C'est Lyon aujourd'hui ! » Et puis, on connaît toute leur vie de famille. C'est utile pour personnaliser une vente. « Personnaliser », ça veut dire qu'on s'adresse à la personne par son nom. J'ai appris cela quand j'ai travaillé en ligne directe, au téléphone. C'est important, ça apporte un plus. C'est amusant quand les gens sont surpris que je les appelle par leur nom alors que je l'ai lu sur leur carte bancaire.

Mon rôle ne se limite pas à être simplement assise derrière un bureau à vendre des billets. Je ne suis pas vendeuse, je suis agent commercial. C'est-à-dire que je réalise une prise en charge complète de chaque voyage, de bout en bout. Je suis là pour aider des voyageurs qui ne sont peut-être pas au fait des conditions de remboursement ni des avantages et des subtilités des différentes cartes : carte commerciale, carte jeune, carte senior, etc. En plus, les modalités des cartes changent régulièrement, il faut donc toujours s'actualiser et informer les gens. Si tu respectes ton travail, tu es là pour être au service de l'usager. Avant, on travaillait ici en binôme, et des agents de réserve nous remplaçaient quand on partait en congés l'été. C'était compliqué... On a dû s'organiser autrement et, avec mon collègue qui, depuis, est parti en retraite, on avait décidé de tourner pour nos congés de façon à ce qu'il y ait toujours une personne qui connaisse les usagers à l'agence. Notre direction nous demande de ne pas passer plus de trois minutes avec chacun, je dois donc m'organiser pour débiter tout ce qu'il y a à débiter en trois minutes. Le rythme de travail est soutenu, on n'imagine pas qu'une journée, c'est deux cents billets vendus à une centaine de personnes, sans compter les renseignements et... seule, parfois ! Je fais mon possible. Je garde le sourire, mais cela peut être frustrant de voir que les gens commencent à soupirer et les enfants à s'impatienter.

Et voilà que, mon poste ayant été supprimé, j'ai été nommée « agent de réserve » dans la même gare. Maintenant, je navigue entre huit gares et entre les métiers, suivant les besoins. Ce nouveau statut me demande d'être polyvalente. Parfois, les chefs ne sont pas là, et je dois prendre des responsabilités. Tu te dépatouilles, tu essaies toujours de trouver quelque chose, tu n'as pas toujours la solution miracle, mais tu essaies. C'est important de montrer aux usagers que l'on fait attention à leur demande. Il m'arrive aussi de remplacer le manageur quand il n'est pas là. Cela comporte plusieurs missions comme chapeauter les guichets ou dépanner les bornes libre-service. Ce n'est pas très compliqué, mais c'est un coup à prendre. Surtout pour les machines qui délivrent des billets régionaux. Elles sont plus complexes que les distributeurs SNCF et elles tombent plus souvent en panne.

La « réserve », ça veut dire « bouche-trou », mais en plus joli. Je fais de la vente au guichet et l'escale sur les quais. Dans ma gare de rattachement, il ne reste plus qu'un guichet titulaire et un guichet mixte pour la vente-escale. J'aime bien l'escale, c'est mon premier amour. J'ai commencé comme ça, sur les quais d'une très grande gare où l'on accueillait beaucoup de voyageurs. Aujourd'hui, les agents d'escale font la vente et l'escale en même temps, mais, bientôt, on n'aura plus besoin d'eux : les gens prendront l'ascenseur qui est actuellement en chantier. On ne les accompagnera plus.

Ce que j'aime bien dans la réserve, c'est que je rencontre différentes clientèles. Je n'ai jamais eu de problèmes importants avec les gens qui s'adressent à moi, quelle que soit la gare dans laquelle j'ai travaillé. Bien sûr, il faut parfois réagir, leur envoyer les messages subliminaux qui permettent d'éviter qu'ils ne dépassent les bornes. Par exemple lors des grèves. On les comprend, ça nous embête autant qu'eux. On aimerait que tout soit bien. Alors, on leur explique, on essaie de les rassurer.

La réserve, c'est bien, mais ça fait beaucoup de trajets. Selon les gares où je vais, je pars de chez moi avant 8 heures le matin et je rentre après 20 heures si tout va bien et que j'ai pu fermer à l'heure. Quand il y a des voyageurs qui attendent, je ne vais pas les mettre dehors.

Chapitre 5

La gare et les quais

On les a d'abord appelés les « camemberts ». Quand un train arrivait en gare, ils étaient aisément repérables, parmi tous les cheminots portant des casquettes, à la couleur blanche de leur couvre-chef qui rappelle le célèbre fromage normand. Ce sont eux qui ont la responsabilité de donner le signal de départ au train. Puis, au fil du temps, même s'ils portent toujours leur casquette emblématique, leur nom a changé : ils sont devenus les « bras morts » à partir du moment où, au lieu de l'indiquer oralement, ils ont donné l'autorisation de départ au conducteur du train en abaissant un guidon. Aujourd'hui, le bras mort n'utilise plus ce moyen, il brandit une pancarte, c'est devenu un « branle-palette ». Donner le signal du départ est l'aboutissement d'une procédure beaucoup plus complexe que ce que l'usager imagine. Le « branle-palette » s'assure d'abord auprès des aiguilleurs que la voie est prête, il vérifie ensuite que tous les passagers sont montés à bord du train, il attend pour cela qu'un coup de sifflet soit donné par l'agent d'escale sur le quai pour les informer que les portes vont se fermer. Le contrôleur présent à bord procède alors à la fermeture des portes en ayant la possibilité de laisser ouverte celle auprès de laquelle il se trouve. Quand cette manœuvre est terminée, le contrôleur regarde sur le quai pour savoir si le bras mort a levé sa pancarte. Si c'est le cas, il l'indique au conducteur en actionnant une sonnette. Tant qu'il n'a pas entendu celle-ci, le conducteur ne peut faire partir son train. Tous ces gestes sont effectués en quelques minutes. Ils constituent autant de boucles de rattrapage qui évitent qu'une décision de départ soit prise sur la foi d'un seul regard. Ils supposent une grande concentration et une bonne coordination de l'ensemble des cheminots concernés.

Cette procédure qui garantit pourtant la sécurité pour les usagers est aujourd'hui remise en cause pour une raison simple : elle exige un niveau de professionnalisme trop important pour qu'une compagnie privée puisse la mettre en place sur les lignes qu'elle exploitera au moment de l'ouverture à la concurrence à partir de 2020. Dans cette perspective, la SNCF prévoit de supprimer l'agent d'escale qui donne le coup de sifflet sur le quai ainsi que le contrôleur présent dans le train. À ce rythme, le conducteur assumera bientôt seul la responsabilité de faire partir sa machine. Il le fera en observant les écrans qui lui retransmettront ce qui se passe sur le quai grâce aux caméras qui s'y trouvent. Techniquement, c'est possible, indique la SNCF en se référant au fonctionnement des RER qui procèdent ainsi à Paris et en banlieue. Techniquement, oui, mais en supprimant toutes les boucles de rattrapage résultant de multiples regards sur le quai, sur la voie et dans le train, on prend le risque que surviennent des accidents graves de passagers. Qui peut prétendre tout voir en un clin d'œil ? Par exemple, un usager qui a la jambe coincée entre le quai et une voiture... Quel conducteur sur un trajet reliant deux villes de province pourra avoir connaissance de tous les événements qui se passent dans le train qu'il conduit ?

Cette question est si prégnante que dans les grandes gares parisiennes du RER, la SNCF a été obligée de remettre des personnels sur les quais afin, entre autres, de drainer les flux de voyageurs et de sécuriser leur sortie et leur embarquement dans les trains. L'ennui, c'est que ce travail est réalisé par un personnel sous-qualifié, mal rémunéré et précarisé alors que l'impératif de sécurité des usagers exigerait l'inverse.

L'autre conséquence de ces réductions drastiques d'effectifs est la montée des dégradations commises sur les sites de la SNCF. Par exemple, avant la réforme, la présence humaine dans les gares dévolues au fret empêchait leur vandalisation. Aujourd'hui, la raréfaction des agents sur ces lieux conduit à l'augmentation des actes visant les installations et le matériel. On paie ainsi les pots cassés d'une volonté forcenée de réduire la part des femmes et des hommes dans le bon fonctionnement du service ferroviaire.

« Mon outil le plus simple, c'est mon sifflet »

Vanessa, agent d'escale

Quand je suis chargée de l'aide au départ des trains et de leur préparation – l'« agencement » –, le talkie-walkie est un de mes outils de travail de base. Il me permet de recevoir des infos, de rester en contact avec mes collègues ou d'appeler la sécurité. Ma panoplie d'agent d'escale est complétée par trois autres accessoires : la clé Dény, le carré et le sifflet.

Dans les rames modernes, la clé Dény est une clé qui n'est pas donnée à tout le monde, elle est numérotée et j'ai signé une décharge quand je l'ai reçue. Cette clé me permet d'avoir accès à la cabine du contrôleur. Là, je dispose d'une console sur laquelle j'entre les codes correspondant aux dessertes du train : ce sont ces noms de gare qui défilent sur les petits écrans situés à côté des portes des voitures. Les rames les plus anciennes étaient munies de rouleaux où étaient inscrites les villes desservies. Nous appelons ces rames les « rames rouleaux ». Sur ces rames-là, il me faut aussi afficher les numéros des voitures. Pour cela, je dois ouvrir les trappes avec un passe-partout carré. Et c'est plutôt physique.

J'ai aussi un smartphone avec toutes les applications qui m'aident à répondre aux voyageurs en quête d'un changement de voie ou d'une correspondance. J'y trouve également mes notes de gare avec les horaires, les départs et les arrivées de la journée, ainsi que les codes dont j'ai besoin pour faire les agencements de trains.

Mon dernier outil est beaucoup plus simple : c'est mon sifflet. Je peux en effet intervenir en renfort du chef de service pour siffler les départs. Je suis ses yeux en début de quai pour voir si toute la chaîne de départ se passe correctement. Je fais les vérifications les plus simples. Je regarde si le feu de la signalisation arrière est rouge, comme il doit l'être au moment du départ. Je vérifie qu'il n'y a pas de voyageur bloqué dans une porte, pas de pied coincé entre le marchepied et les voies. Pendant tout ce temps, je reste en communication avec le chef de service. C'est lui qui applique la procédure de départ. Sans lui, le train ne pourrait pas partir.

Quand je suis d'accueil embarquement, je suis sur le quai près des voitures, ou sur la plateforme, là où sont installés des portiques d'embarquement. J'accueille les voyageurs, je les oriente, je réponds à leurs questions : comment s'installer à bord, comment sont orientées les rames, les correspondances, etc. Certains sont inquiets et il faut les rassurer. Surtout ceux qui n'ont jamais pris le train. Dans ce cas, je leur souhaite toujours la bienvenue et un bon baptême. Sur un TGV à deux rames, nous sommes deux agents d'escale pour l'embarquement. Si c'est un Paris-Lyon, nous pouvons avoir le renfort des contrôleurs et nous retrouver à quasiment une personne par voiture. Il faut dire que les voyageurs de cette ligne dépensent énormément d'argent et apportent une bonne part du budget qui rentre à la SNCF. Donc, elle y met beaucoup de moyens. Moi, je m'applique à accueillir de la même manière tous les voyageurs, que ce soient des dirigeants d'entreprise ou des voyageurs modestes.

Il y a de plus en plus de portes d'embarquement installées sur les plateformes. On les appelle aussi « unités de passage ». Ainsi, un voyageur ne pourra pas passer s'il n'a pas de billet. C'est probablement utile pour la sécurité ou pour lutter contre la fraude, mais ce dispositif a surtout vocation à supprimer du personnel. Les voyageurs qui prennent le train régulièrement sont à l'aise pour scanner leur titre de transport avant d'accéder au quai. Certains sont contents parce que c'est sécuritaire. Pour d'autres, c'est anxiogène. Ils sont un peu perdus entre le billet papier, le e-billet, la carte voyageur, le QR code. Je les rassure, je leur montre comment ça fonctionne. Je fais en sorte qu'il n'y ait pas trop de voyageurs qui s'accumulent aux portiques quand le train est mis à quai tardivement, ou quand les contrôleurs sont bloqués dans un Marseille-Paris alors qu'ils doivent repartir sur Lyon... Dans ce cas, il faudrait « lever l'embarquement », c'est-à-dire ouvrir les portiques et laisser passer les voyageurs, parce que les conditions sont trop mauvaises, tant pour eux que pour moi. Mais certains responsables décident de le maintenir pour ne pas fausser l'indicateur du taux de remplissage du train. Et moi, à mon niveau, je ne peux rien faire.

À ces mesures qui visent à assurer la sécurité ferroviaire s'ajoutent les dispositions du plan « Vigipirate ». Je ne suis pas habilitée à fouiller un bagage, mais si je vois un colis abandonné ou quelque chose d'étrange, je peux prévenir toute une chaîne d'intervention comme les équipes de surveillance générale, la brigade cynophile ou les douanes. Ce sont des personnes qui ont le pouvoir de bloquer une plateforme ou un départ. Empêcher le départ est une grosse responsabilité. Mais si j'estime que la sécurité est en jeu, je n'hésiterai pas. Mon statut m'autorise à déclencher la procédure.

Lorsque je ne fais pas l'embarquement ou l'agencement, j'assure une présence auprès des voyageurs dans toute la gare. Depuis que nous avons des tenues qui ressemblent beaucoup à celles des collègues du contrôle, et depuis que les bulles d'accueil voyageurs ont été fermées, les gens ne font pas le distinguo, ils se ruent sur nous dès qu'ils nous voient. Mais il y a des jours où rien ne se passe comme il le faudrait, où je n'arrive pas à avoir les informations, où je suis dans l'incapacité de renseigner les usagers. C'est frustrant pour eux. Pour moi également, parce que je ne peux pas faire mon travail correctement.

Par ailleurs, ma fonction m'amène à être confrontée à des situations compliquées qu'il faut savoir maîtriser. Par exemple, je peux avoir à gérer un conflit entre deux voyageurs. Avec éventuellement l'aide d'un collègue, j'explique alors que je ne suis pas là pour faire de la répression ni pour embêter mais qu'il y a des règles à respecter en gare comme ailleurs. En général, j'arrive à calmer les choses. Mais quand je me fais moi-même agresser physiquement ou verbalement, c'est plus difficile. Une agression verbale peut faire aussi très mal. Dans ces cas-là, je pourrais me tourner vers la cellule psychologique. Je ne l'ai jamais fait. Je suis plutôt du genre à me renfermer sur moi-même et à en discuter avec les copains. Je sais qu'ils ne vont pas me juger. Ils connaissent les conditions de travail en gare sur nos chantiers respectifs. Généralement ils viennent d'eux-mêmes me soutenir comme je vais le faire moi-même pour d'autres collègues.

Un jour, une personne en pleurs m'est tombée dans les bras sur le quai, en me racontant des choses très intimes. Ça n'a duré que trois minutes avant qu'elle ne monte dans son train, mais je ne l'oublierai jamais. C'était pendant un « accueil embarquement ». J'ai aussi le souvenir d'une dame qui m'a joué un morceau d'accordéon pendant que je sifflais le départ. C'était génial. Je suis heureuse quand j'ai eu des échanges favorables avec les voyageurs, qu'une personne m'a remerciée, que j'ai eu le temps de lui répondre, de lui donner des explications. Quand je la vois partir contente, c'est la meilleure des récompenses.

Le pire, dans le cadre de mon travail opérationnel, ce sont les « accidents de personne ». Cela se passe souvent à Maisons-Alfort, à la sortie de la gare, et ça bloque toutes les entrées et sorties de trains. C'est encore arrivé il y a quelques jours. Je commençais à 13 heures avec mes collègues de l'après-midi et on n'a pas pu suivre nos programmations. Nous étions à disposition sur les plateformes, par groupes de trois, pour faire les agencements et siffler les départs. Tout était chamboulé. Et puis j'ai entendu des gens dire : « Il n'aurait pas pu aller faire ça ailleurs ? » J'ai trouvé cela insupportable. Pour moi, ça a été une journée très pénible.

Dans les rapports avec les voyageurs, il y a de tout, l'essentiel est de savoir s'adapter. En l'occurrence, l'expérience et la pratique font beaucoup plus que la théorie. Il peut y avoir les échanges les plus sympathiques, les plus rigolos ou les plus incongrus, aussi bien que les plus désagréables et les plus agressifs. On rencontre dans l'espace de la gare les gens les plus favorisés et les plus défavorisés. Il y a en particulier les SDF qui viennent s'y réfugier. Certains sont très renfermés sur eux-mêmes ; avec d'autres, j'ai réussi à créer quelques liens. Beaucoup de collègues et de voyageurs font semblant de ne pas les voir, moi, je n'y arrive pas. Il y a une dame avec qui j'échange très souvent. Quelques mots. Papoter de tout et de rien, lui apporter un petit café ou un petit chocolat quand il fait froid. Elle aussi se préoccupe de moi si elle me voit en difficulté.

Quand je suis arrivée, il y avait encore des chibanis, les cheminots marocains. Pour moi, ces personnes ont été des trésors de sagesse, de recul, de connaissance de la vie en général. Ils m'ont appris que la gare est vraiment un échantillonnage de la société tout entière.

« Si, si, je vais aller vous chercher un fauteuil »

Roxane, agent d'escale en gare

Ce voyageur a débarqué d'un TER et devait attraper une correspondance avec un TGV Ouigo. Malheureusement, son train est arrivé avec quelques minutes de retard. Le Ouigo est déjà parti. Le voyageur n'est pas content – à juste titre – et il le fait savoir. Mon rôle d'agent d'escale, responsable du service en gare, est de traiter le problème. Il faut que j'explique calmement qu'il n'y a pas de possibilité de transférer ce type de billet sur un autre train. Dit autrement : le billet Ouigo est perdu. Le ton monte. Les insultes fusent. Le voyageur s'éloigne, hors de lui.

La situation peut devenir très tendue sur les quais. Par contre, quand le dialogue est possible, je me permets des gestes commerciaux qui ne sont pas toujours autorisés. Il m'arrive par exemple de reporter le voyage sur une place gratuite disponible dans un autre train. Cependant, je vais sans doute devoir ranger au rayon des souvenirs lointains le jour où les voyageurs m'ont remerciée d'être restée à leurs côtés alors que leur train ne partait pas. On était sur un quai reculé, dédié aux petites lignes. Durant une heure et demie, j'ai d'abord expliqué aux passagers que le train était victime d'un incident mécanique puis qu'il s'était passé quelque chose du côté d'une petite halte située sur le parcours. Comme c'était une voie unique, aucun convoi ne pouvait plus circuler, tandis que, dans le train qui était immobilisé là-bas, en pleine campagne, le mécano était tout seul pour gérer l'incident. La plupart du temps, en effet, sur cette ligne, il n'y a pas de contrôleur à bord. Plusieurs voyageurs m'ont dit : « C'est bien que vous soyez là, sur les quais, pour nous informer. »

J'ai été dans la même position inconfortable quand le poste relais de la gare Montparnasse a sauté et que les trains ne passaient plus. Les gens demandaient : « On va arriver où ? Montparnasse ? Austerlitz ? » Sur le quai, j'essayais d'obtenir des informations au téléphone. Personne ne savait. J'étais dans l'incapacité de répondre. C'est en cours de route, ensuite, que les passagers étaient informés par le contrôleur...

À l'exception des cas extrêmes comme celui du voyageur irascible, je trouve finalement que, dans l'ensemble, les usagers sont relativement cools. À la limite, on a moins de problèmes lorsqu'il y a la grève. Les gens font plus attention à nous, je les trouve beaucoup plus souples, plus compréhensifs qu'en temps normal. On verra comment les choses évolueront si la concurrence se met en place. Chaque train aura son « sillon » et partira à l'heure pile. Il n'y aura plus d'explication à donner puisque chaque opérateur ignorera les prestations de ses concurrents. C'est peut-être pour préparer ça que la direction nous demande maintenant de ne plus être spécialement identifiables en tant qu'agents d'escale. Auparavant, elle nous incitait à être visibles. Ça semblait logique : si les voyageurs veulent avoir un renseignement, il vaut mieux qu'ils sachent à qui s'adresser.

Un matin où je faisais mon tour de gare, je vois un couple de personnes âgées serrées l'une contre l'autre sur un banc, dans le hall de l'accès sud. Le monsieur était prostré et la dame en pleurs. Je me suis approchée et je leur ai demandé ce qu'il se passait. « On est perdus, on doit prendre tel train, on ne sait pas comment faire... La gare est grande... » Ils étaient complètement dépassés. Donc, je leur ai proposé de les accompagner. Très gênés, ils se sont levés pour refuser, lui, emmêlé dans ses paquets, elle, encombrée dans ses cannes : elle marchait avec difficulté. « Si, si, je vais aller vous chercher un fauteuil roulant et je vais vous conduire jusqu'à votre train. » Quand je suis revenue avec le fauteuil, j'ai vu l'émotion dans leurs yeux. Ça m'a touchée. Ils n'avaient rien demandé. Ils étaient tout seuls, paumés au milieu des bruits du hall et du va-et-vient des voyageurs. J'ai juste fait mon travail : les amener jusqu'à la voie 1 d'où leur train partait vers Montpellier, les installer à leur place, appeler la gare d'arrivée pour qu'ils soient accueillis. Ce matin-là, comme à chaque fois que je dépanne quelqu'un, j'étais contente d'être agent d'escale. Mais là, avec ces deux « petits vieux » que j'avais sortis du pétrin et chez qui je voyais tant de reconnaissance, il y a eu quelque chose de plus.

Quand les voyageurs prennent leur billet, ils ont la possibilité de réserver une prestation gratuite destinée aux personnes en situation de handicap. Savoir à l'avance combien de passagers vont faire appel aux services de notre équipe d'assistance nous permet de nous organiser. Les jours de grands départs, dans notre gare, les cheminots dédiés à cette tâche peuvent avoir soixante personnes à prendre en charge en une seule journée. S'il y a des groupes, il peut y en avoir jusqu'à deux cents, qu'on essaie alors de gérer collectivement quand ce sont, par exemple, des malvoyants. Lorsque j'étais affectée à ce service, je me donnais pour règle de rester discrète, courtoise et prévenante. J'expliquais aux personnes qui arrivaient avec deux ou trois valises qu'il ne m'était pas possible, seule, de pousser le fauteuil et de porter, en même temps, plus d'un bagage qui, d'ailleurs, ne doit pas excéder 17 kg. Parfois le proche qui avait amené le voyageur handicapé à la gare le déposait comme un paquet au milieu de ses affaires et s'en allait : « Je n'ai pas le temps de rester parce que je paye ma place de stationnement. » OK, ce n'était pas un problème, j'installais la personne dans son fauteuil. S'il y avait plusieurs bagages, je demandais quand même à l'accompagnant de m'aider. Tant pis pour la note de parking. Certains le prenaient mal, mais quand on explique, tout finit par s'arranger.

Dans l'ensemble, les personnes handicapées sont compréhensives et charmantes. Cela compense les cas pénibles comme celui de cette habituée dont plus personne ne voulait s'occuper tant elle était désagréable. C'est moi qui avais pris le relais. Elle ne disait pas bonjour. Elle attaquait directement : « Vous me portez mon bagage ! » « Vous me sortez du fauteuil ! » C'était une personne de forte corpulence. Elle était accompagnée d'une aide de vie que je voyais très mal à l'aise devant la façon dont les choses se passaient. Mais je ne me laissais pas rabrouer comme un larbin : « S'il vous plaît, vous ne me parlez pas comme ça !

Je suis là pour vous aider. Je veux bien vous sortir de votre fauteuil mais il faut m'aider aussi... » Je devais la soulever... et je ne suis pas une infirmière. Dans une autre gare, elle est allée jusqu'à porter plainte contre un agent parce que la roue de son fauteuil s'était prise dans une fissure du quai. Le fauteuil s'était renversé et elle avait accusé l'agent de l'avoir fait exprès. Mais cette dame est vraiment une exception. Avec les personnes en situation de handicap qui voyagent régulièrement, une relation finit par se créer. On me reconnaît, on m'appelle par mon prénom, « Est-ce que ça va ? », on me donne des chocolats, des bonbons. Les personnes âgées essaient souvent de me glisser un pourboire, que je refuse.

La procédure normale, c'est que le voyageur qui a besoin d'aide dépose une demande au moment où il prend le billet, ou appelle au minimum 48 heures avant le départ. C'est lui qui est prioritaire. Mais si je rencontre des personnes en détresse comme les deux « petits vieux » du hall de l'accès sud ou comme une femme enceinte qui n'arrive pas à se dépêtrer avec le petit dernier, sa valise et sa poussette, ou comme des personnes à mobilité réduite qui demandent de l'aide au dernier moment, je me rends disponible si c'est possible, ou bien je fais appel à des collègues qui peuvent se libérer. L'objectif est de ne laisser personne dans la difficulté.

« Je suis un enfant des chemins de fer »

Luc, agent de gestion technique bâtiment

La gare Saint-Lazare, ce sont sept étages et 200 000 mètres carrés de surface dont 30 000 mètres carrés sont accessibles à un public qui représente 360 000 voyageurs par jour.

Mon poste actuel consiste en deux tâches principales qui réclament une bonne connaissance des lieux. D'abord, il s'agit de recenser tous les dysfonctionnements dans le bâtiment ou dans la gare : une fuite, une panne, un bout de plafond qui s'écroule, etc., jusqu'aux gros travaux d'inondations. Ensuite, il s'agit d'envoyer ces informations à tous les mainteneurs internes et externes. Par ailleurs, je suis chargé de vérifier que le plan de prévention des travaux est respecté au regard des risques ferroviaires et de valider ce qui est fait.

Selon la panne et le lieu, les mainteneurs peuvent être aussi bien des cheminots que des prestataires externes qui ne connaissent pas le milieu et qui, parfois, parlent mal le français. Dans ces conditions, c'est parfois délicat de faire respecter le plan de prévention quand, en face, la personne ne comprend pas ce que je lui dis.

Une de mes forces est de pouvoir interdire certains travaux si cela me paraît trop risqué, si c'est en dehors de toute règle. Bien sûr, je m'efforce de travailler en toute logique pour tous (les prestataires, les voyageurs, la sécurité de la gare, etc.).

Dernièrement, un de mes responsables se plaignait du manque d'éclairage sur les quais. Il m'a demandé de commander une équipe pour changer les lumières. Je lui ai expliqué qu'avant tout, il fallait prévoir des gens pour couper l'électricité dans les caténaires (25 000 volts) et que même si l'on coupait l'électricité, il y aurait encore des opérations à effectuer, à cause d'un courant rémanent qui peut atteindre les 1 500 volts. Dans ces conditions, je ne peux donc pas demander à quelqu'un d'aller changer des ampoules sur le quai, ce serait trop dangereux, il risque l'électrocution.

Aujourd'hui, c'est en cours avec la prise en compte effective de la nécessité de couper l'électricité avant toute intervention...

Je suis un enfant des chemins de fer. Je suis entré à 15 ans et, aujourd'hui, à 48 ans, cela fait trente-trois ans que je travaille à la SNCF. Quand je suis arrivé, j'ai été directement embauché au « matériel », les usines de maintenance de la SNCF. Quand les ateliers ont fermé, j'ai été amené à changer de branche et je suis passé au service commercial. J'aurais pu avoir un cheminement normal et continuer à vendre des billets. Comme je n'étais pas trop mauvais, j'ai eu la possibilité d'avoir plusieurs postes, un travail d'intérimaire. J'étais « agent de réserve ». Je remplaçais les agents malades ou absents. J'étais donc sans poste, une espèce de joker. J'ai remplacé les agents des gares, tout poste – sauf la circulation des trains –, tout horaire, dans une vingtaine de gares sur ma zone (une vingtaine de postes différents et pour une trentaine de personnes). Je pouvais être sur un poste pendant un seul jour. Il n'y avait pas de commandes écrites, tout se passait par téléphone. Quand je suis arrivé à Saint-Lazare, zone allant de Pont-Cardinet à Mantes-la-Jolie, le travail a été identique. Je pouvais remplir une dizaine de tâches qui pouvaient aller de la sono à la vente ou à l'accueil en passant par le petit entretien... Puis, j'ai évolué pour occuper un poste de « maîtrise », qui est aussi multitâche mais centré sur Saint-Lazare : la gare et son bâtiment.

Je préfère travailler la nuit. C'est un autre rythme de travail. J'y suis habitué. Je ne subis pas les heures de pointe et je peux choisir ma place dans le train quand je vais au travail et quand j'en reviens ! Sur cet horaire, je suis amené à fermer la gare très tard et à l'ouvrir très tôt. C'est un autre monde. À ce moment et à cet endroit se croisent des populations où l'on retrouve toute la misère du monde. Cette misère, je l'ai vue évoluer depuis une dizaine d'années.

Je dirais que, parmi tous les postes que j'ai occupés, ceux qui sont au contact direct des clients font partie des postes les plus durs psychiquement. Les voyageurs de la gare sont à 90 % des Franciliens. Des personnes qui habitent en banlieue avec des problématiques de temps et des contraintes spécifiques de retard, de saturation, d'énervement. Si je devais donner une image, ce serait celle d'un sac à dos dans lequel, tous les jours, on vous ajoute des graviers. À la fin de l'année, vous portez des parpaings... de quoi construire une nouvelle gare !

« Mon chef direct connaît bien le travail »

Martial, agent de maintenance des bâtiments

Pour ouvrir la gare le matin, il faut déjà que les portes d'accès fonctionnent. Des portes aux fenêtres, en passant par les arrivées d'eau, les évacuations, les fuites, les toilettes bouchées... je travaille à la maintenance des bâtiments. Hormis l'électricité, que je ne touche pas. Je pourrais le faire, mais je ne suis pas habilité pour cela. Dans mon équipe, nous avons aussi en charge les assises, les bancs mis à disposition dans les halls, qui peuvent subir des déprédations, ou tout simplement de l'usure. Il y a parfois des événements organisés dans la gare, il faut alors poser des barrières et rendre les lieux accessibles aux personnes à mobilité réduite.

Moi, je suis plutôt spécialisé sur la plomberie : refaire une soudure, changer un robinet, déboucher une canalisation. Mais si c'est une grosse intervention, comme cinquante mètres de canalisation à refaire, on appelle une entreprise et je suis surveillant de travaux.

Un jour, mon chef d'équipe m'a envoyé accompagner une entreprise pour intervenir dans les locaux de la police ferroviaire où tout était bouché. J'ouvre les barrières, j'applique le protocole de sécurité, on dégorge, ça s'évacue. Sauf qu'il y avait des bureaux en dessous. Le tuyau a éclaté. Et hop, tout s'est déversé dans les bureaux. Avec mon collègue d'astreinte, nous avons terminé la réparation à 2 heures du matin.

Par principe, je ne laisse pas un collègue d'astreinte se débrouiller seul avec un gros chantier. Mais je ne prends pas l'astreinte, je laisse la place aux jeunes. Ça leur fait un petit plus sur la paie. D'ailleurs, je suis devenu agent d'entretien des bâtiments pour reprendre un rythme de vie normal et travailler en journée, du lundi au vendredi. Quand j'ai commencé à la SNCF, je faisais les trois-huit à l'entretien du matériel : voitures Corail, voitures couchettes, wagons-lits... des choses qui n'existent plus. Ensuite j'ai travaillé en deux-huit au triage. Mais arrivé à 45 ans, ça commençait à être difficile. J'espère pouvoir finir ma carrière avec des horaires normaux. Comme je suis rentré jeune, je pourrai partir tôt, à 58 ans.

Le matin, on a un briefing où on nous donne les DI, les demandes d'intervention. Je peux en avoir quatre pour la journée, ou plus, ou seulement deux si ce sont des interventions plus importantes. Mais il y a des jours où je pars avec mes DI et où je ne fais rien de ce qui était prévu. Je suis appelé sur des choses plus urgentes, des problèmes qui n'étaient pas rentrés dans la base de données. Par exemple, je dois aller mettre des barrières et intervenir parce qu'il y a des problèmes sur les quais. Je n'aime pas quand ça part comme ça. Mes responsables m'envoient ici ou là et je ne suis plus qu'un exécutant.

En principe, les interventions sont rentrées dans la base de données à partir des remontées terrain faites par des collègues qui circulent dans la gare, comme les agents d'escale. Sur la fiche d'intervention, j'ai l'emplacement du problème, je sais qui l'a signalé et quand. Les fiches sont triées par urgence. Graisser une paumelle de porte, ça peut attendre. C'est du niveau 1, à faire dans les 72 heures. Mais un WC bouché, c'est du niveau 3, je dois intervenir sous 24 heures. Moi aussi, quand je vois un problème dans la gare, j'avertis la personne responsable. J'ai tous les contacts des personnes qui sont responsables de tel appareil ou de telle intervention de maintenance. Le soir, on fait le débriefing, le bilan de ce qu'on a fait, ce qu'on n'a pas fait, pourquoi on n'a pas pu le faire, ce qu'il faudra reprendre le lendemain.

Mon chef direct connaît bien le travail. C'est un ancien qui a commencé à la base. Il a passé les examens, il est monté. Si on lui explique ce qu'on n'a pas pu faire, il n'y a pas de souci. Attention, c'est aussi quelqu'un qu'on ne roule pas dans la farine. Mais avec ses supérieurs, c'est compliqué. Ils arrivent et ils n'ont jamais vu la base. Quand on utilise des termes techniques, on a l'impression de parler à une autre planète.

J'adore travailler dans ces bâtiments. Une grande gare parisienne fait partie du patrimoine. Avec mon travail, j'en suis un peu le garant, même s'il y a beaucoup de personnes au-dessus de moi et que nous sommes nombreux à faire des interventions. Je suis impressionné par les savoir-faire de ceux qui l'ont construite, à une époque où il n'y avait pas les moyens que nous avons maintenant. Il y a vraiment de belles choses à voir sur la gare.

Chapitre 6

Bureaux et services

Pour transporter les marchandises et les voyageurs, les trains ont besoin des « barons du rail » – les conducteurs –, des « araignées de fourgon » – les contrôleurs –, des « vendeurs de papier » – les agents dans les guichets. Sur les quais, les trains ne pourraient pas partir sans les « bras morts ». Pour qu'il assure un service de qualité, le chemin de fer a besoin des « sangliers » – le personnel qui entretient les voies –, des « écureuils » – ceux qui réparent les caténaires. Impossible de faire rouler locomotives et voitures sans les « chiffons gras » qui les auscultent et les remettent en état. Mais comment assurer toutes ces fonctions et des centaines d'autres sans une administration efficace ?

L'imagination des cheminots n'est pas en reste pour qualifier ces métiers de l'arrière-boutique. Les agents qui assuraient la transmission des courriers entre les bureaux s'appelaient les « lapins de corridor ». Avec Internet, ils sont moins nombreux et leurs tâches se sont diversifiées mais il en reste toujours. Avec une connotation plus péjorative, les cadres de direction sont les « ronds-de-cuir », dans la mesure où, dans l'esprit de nombreux agents, ils sont toujours assis. Une autre fonction plus obscure a stimulé la créativité langagière des cheminots, celle de la police ferroviaire. On l'appelle la « cinquième colonne » en référence aux individus qui, tout en appartenant à une organisation, complotent contre elle en se mettant au service d'un adversaire. Ce nom a une histoire : au cours de nombreux conflits sociaux, la police ferroviaire était utilisée non pour assurer l'ordre mais pour chasser les cheminots les plus socialement virulents. Cette pratique n'a heureusement plus cours et de par ses missions de sûreté, la police ferroviaire protège aujourd'hui le travail des agents de la SNCF. Elle en devient même un maillon essentiel.

L'arrière-boutique de la SNCF, c'est aussi ce qui permet aux cheminots de travailler dans de bonnes conditions, le service social et la médecine du travail notamment. Auparavant, les assistantes sociales travaillaient dans des lieux proches des ateliers, des gares ou des cités cheminotes. Idem pour les médecins du travail. Aujourd'hui, cette proximité a disparu. Médecins du travail et assistantes sociales ont été délocalisés, on est prié de prendre contact avec eux sur des plateformes numériques. Du coup, les problèmes médicaux et sociaux rencontrés par les agents ne sont plus reliés à leurs conditions de travail et d'habitat. On soigne les effets, pas les causes, on place un pansement sur la blessure sans se préoccuper de ce qui l'a provoquée. À ce compte-là, la médecine du travail et les services sociaux, au lieu de prévenir les accidents majeurs en intervenant au quotidien, en sont réduits à émettre des diagnostics qui tombent comme des couperets, au lieu d'agir pour un mieux-être avec et pour les cheminots.

« C'est la mission qui vient à moi »

Larsen, agent SUGE (surveillance générale)

Si vous me voyez me balader dans la gare, vous allez peut-être penser que je marche comme un cow-boy. J'ai l'uniforme bleu parce que ça fait partie des couleurs des forces de l'ordre, avec des traits blancs sur le bras pour qu'il n'y ait pas de confusion entre la police et les services de la SNCF. Par-dessus, je porte en permanence le gilet pare-balles, estampillé « SNCF sûreté ferroviaire ». On dit aussi police des chemins de fer, ou police ferroviaire, c'est la même chose, c'est la SUGE, la surveillance générale. J'ai aussi mon arme – je suis formé pour –, les cartouches, la gazeuse sur la jambe, la trousse de secours, la radio, le portable, le tonfa, les documents, les PV. Et je marche toute la journée. Le premier jour, ça va, le deuxième aussi, mais après, surtout quand on avance en âge, le poids paraît de plus en plus lourd. Les médecins ont estimé que c'est l'équivalent d'un pack d'eau au bout de chaque bras. Avec ce poids, et celui du gilet pare-balles... j'ai une démarche déformée. C'est pareil pour d'autres métiers. Au fil du temps, le conducteur qui tire son sac a une démarche particulière, même quand il n'a pas de sac.

Tout cet équipement est nécessaire à l'exercice de ma mission, pour me protéger quand j'interviens comme pour protéger autrui. Tant qu'on est dans la prévention, ça va, mais quand on part sur une délictuelle et qu'on doit interpeller, c'est risqué. On peut tomber sur des personnes armées, et dans le contexte des actes terroristes, ça devient encore plus compliqué.

Avec mon équipe, nous sommes soit « tête de ligne » en gare, soit « équipe mobile » dans les trains et dans les gares qu'ils desservent. Je fais les deux mais je préfère le train parce que ça bouge, je ne reste pas à la même place. Dans les trains, on fait les accompagnements, ce qu'on appelle la « remontée train ». La plupart des vols et des agressions, notamment les agressions sexuelles, se passent dans certains endroits du train : les toilettes, les intercirculations, les portes. Nous faisons donc des rondes systématiques.

Je travaille toujours avec les mêmes agents. Nous avons des équipes de trois ou quatre personnes : un chef et son adjoint, ou « second ». C'est un travail d'équipe, donc la cohésion est nécessaire.

Quand on arrive dans le service, on intègre une équipe où il y a quelqu'un à remplacer et on voit comment ça se passe. Si l'on s'intègre bien, on y reste. Les stagiaires commencent par tourner avec toutes les équipes, parce que chacune a son mode de fonctionnement.

Au sein de notre service, on trouve plusieurs entités spécialisées selon les besoins opérationnels. Certains, en civil, vont surtout faire des vols à la tire, les portables, les smartphones. Ils sont connus pour ça. D'autres, en tenue d'uniforme, feront surtout des tarifaires, des PV. Chaque équipe a un peu ses focalisations, c'est totalement humain. Le contexte les a amenés sur un type d'intervention pendant un moment et ils s'y sont habitués, ils ont développé des mécanismes. Heureusement, nous ne sommes pas en compétition, il n'y a pas d'objectif à atteindre sur tel ou tel type d'intervention.

Moi je fais de tout, c'est la mission qui vient vers moi, comme ce « petit magicien » au bout du quai. C'est comme cela que l'on appelle les voleurs qui font disparaître des sacs dans les trains avant le départ. À force d'être tout le temps dans la même gare à surveiller les extrémités des quais, on connaît leurs visages. On sait très bien qu'une personne qui est trois ou quatre fois par jour au même endroit n'a pas de train à prendre. Nous avons vu un jeune homme sortir d'une voiture avec un sac à dos...

« Est-ce que c'est à vous ?

– Oui.

– Vous portez des chaussures à talons ? »

Il a été surpris, il n'avait pas vu les chaussures qui dépassaient du sac. On lui a demandé gentiment de poser par terre ce qu'il avait dérobé et on a bien ri. On a fait une annonce dans le train. La propriétaire est descendue récupérer son bien et a fait un dépôt de plainte. Avant de prendre le train suivant, elle nous a beaucoup remerciés. La reconnaissance des usagers, c'est énorme. Beaucoup de gestes, de messages, nous sont adressés pour remercier tel ou tel agent. De la part de ces personnes qui sont en règle avec elles-mêmes, on ne reçoit que des messages positifs. Il y a aussi l'autre partie, ceux qui sont dans ce que j'appelle la partie obscure. Ils nous voient toujours comme une menace et c'est tant mieux.

L'équipe d'une cinquantaine d'agents SUGE à laquelle j'appartiens sur mon site est chargée de sécuriser les deux grandes gares parisiennes du périmètre auquel elle est affectée et tous les trains qui en partent. Nous intervenons selon les besoins. Les incidents sont en effet remontés dans une base informatique qui permet de détecter les endroits problématiques. Ainsi, on connaît les agissements qui ont eu lieu sur certains créneaux horaires, dans certains trains, à certaines périodes. Dans telle gare, hier, il y a eu trois vols, donc on préconise d'y passer. Et c'est le chef de mission qui décide. S'il y a une agression dans notre périmètre d'intervention, on peut être appelés sur la radio par le PCNS, le Poste de commandement national sûreté. Ce dernier reçoit les appels et les oriente en choisissant l'équipe la plus proche. Les collègues qui sont sur le terrain peuvent aussi nous appeler. Ce sont les « appels SUGE » qu'on entend au haut-parleur dans les gares. Quand on arrive sur place, on commence dans le dialogue. Si la discussion est rompue, on est obligés de passer à l'étape suivante. Et là, on ne joue plus avec les mêmes règles. C'est ce que je trouve compliqué. Par exemple, si je dois faire une amenée au sol pour menotter une personne récalcitrante, je respecte mes gestes métier, je ne vais pas lui mettre un coup de poing pour le faire descendre. Mon travail, c'est d'interpeller proprement. Mais il y en a qui veulent en découdre. Avec les voleurs professionnels, c'est plus simple. Ils connaissent le droit et savent qu'ils vont se retrouver devant un officier de police judiciaire. Ils ne veulent pas aggraver leur situation avec de l'outrage et de la rébellion. Ils se laissent faire : on menotte, on défère à la justice, on n'est pas embêtés pour les emmener au premier poste. Là, on rentre dans le cadre de l'article 73 du Code de procédure pénale, « dans les cas de crime flagrant ou de délit flagrant puni d'une peine d'emprisonnement, toute personne a qualité pour en appréhender l'auteur et le conduire devant l'officier de police judiciaire le plus proche », et le 803 concernant le menottage.

Quand je suis entré à la SUGE, j'ai suivi une année de formation théorique intense à la SNCF, avec beaucoup de cours de droit, puis un stage pratique. Intervenir dans un cadre légal bien défini, qui engage la responsabilité pénale, fait donc partie des contraintes de mon métier. La hiérarchie des normes, le Code pénal, le Code des transports... j'ai dû apprendre tout ce que je dois connaître pour intervenir et protéger autrui. Il y avait neuf matières et il fallait les réussir toutes.

Avec cette formation, les recyclages et les contrôles sont permanents et tous les ans, je suis habilité à constater les infractions au Code du transport. Les catégories d'infractions sont définies par le droit : contraventions, délits et crimes. Beaucoup d'interventions restent dans le cadre du contraventionnel, mais il y en a aussi qui rentrent dans le cadre délictuel. Mettre les pieds sur la banquette, cracher par terre, faire du tapage, traverser les voies, ce sont des contraventions. Je suis habilité à dresser des PV pour ces incivilités.

Il en est de même pour les voyages sans titres de transport, mais arrivé à un certain nombre de PV, ces contraventions se transforment en délit. Dans le Code du transport, ça s'appelle le « délit de fraude d'habitude ». L'usager risque six mois de prison et 7 500 euros d'amende. Avant d'en arriver là, j'ai surtout une mission de prévention. La répression, c'est la dernière réponse qu'on apporte aux actes. Ce n'est pas en donnant un PV à une personne en difficulté que cela va corriger son comportement. Je peux très bien aujourd'hui ne pas lui mettre de PV et lui expliquer comment il faut faire quand on ne travaille pas : aller vers des unités spécialisées, demander les aides destinées aux personnes en difficulté, une carte qui permet de voyager, et *a minima* s'inscrire dans une mission locale. Avant la répression, il y a la prévention, c'est le premier rôle de la SUGE.

Je suis satisfait quand j'ai fait beaucoup de prévention, que j'ai beaucoup communiqué avec les usagers, surtout dans les situations conflictuelles. Lorsque, par exemple, des voyageurs veulent acheter un billet pour rentrer chez eux et que la machine de vente est en panne, ils sont en proie à une frustration que les premiers intervenants vont prendre en pleine face. En principe, ils devraient avoir affaire aux agents d'escale. Mais avec la désertification des gares, il n'y a plus personne. Ou alors, enfermés dans leur bureau, ces agents se protègent. C'est la situation qui l'impose. Donc les agents SUGE qui passent par là doivent souvent gérer les conflits commerciaux ou les retards. Je me retrouve alors face à des usagers remontés qui finissent parfois par m'insulter. Je vais essayer d'entrer dans le dialogue, de commencer à débattre. Mais c'est difficile, parce qu'on ne parle pas le même langage. « Je veux mon train, je veux rentrer chez moi ! » De mon côté, j'essaie de leur faire comprendre qu'il y a de la neige, ou un problème matériel sur les voies, que le train ne peut pas partir. Avec les usagers hors d'eux, il faut d'abord avoir la bonne posture. Ne pas être dans l'agressivité. Donc je travaille le verbal et la gestuelle. C'est très important, la gestuelle.

Contrairement à ce que l'on pourrait penser, la surveillance générale est un service très ancien qui existe depuis un siècle. Il doit permettre des bonnes conditions pour l'exploitation ferroviaire, la sécurité des circulations, des cheminots, des usagers. Nous offrons à chaque service de la SNCF la prestation qu'il lui faut pour sécuriser ses gares, son matériel, ses installations, ses chantiers, pour surveiller ses voies. Chacun exprime son besoin, par exemple : « Je veux des agents SUGE le matin et jusqu'à la fermeture de la gare », « Je veux une surveillance de mon chantier la nuit ». La SUGE déploie ses moyens, ses équipes et son matériel, jusqu'à des autogires et des drones. Ça, c'est notre métier, il y a beaucoup de services spécialisés au sein de la SUGE.

Mon rôle est aussi d'apporter aux usagers la possibilité de voyager sereinement, sans sentiment d'insécurité. Quand il y a un problème d'agression, je m'occupe de la personne dans toute sa globalité, parce que c'est une personne en détresse. Il faut d'abord l'évacuer de la situation de danger, lui apporter les premiers soins. Je vais parler avec elle parce qu'elle peut être sous le coup d'un choc psychologique, puis l'aider à déposer plainte.

Moi aussi, je suis confronté à ces aspects psychologiques. Recevoir souvent des insultes gratuites de la part d'usagers furieux ou de personnes qui n'aiment pas l'uniforme devient pesant. Quand ça s'accumule, ça finit par être difficile à vivre. Je peux alors me mettre un peu en retrait du terrain si j'en ai besoin. Des cellules de soutien psychologique sont mises à la disposition des agents. Ce n'est pas mal vu d'y aller. Au contraire, la hiérarchie nous y encourage. Je n'y suis jamais allé moi-même mais j'ai entendu des retours positifs sur ces services. Il y a de l'écoute. Nous avons même obtenu d'être pris en charge en tant qu'accidentés du travail si l'on en tombe malades. Heureusement nous faisons un travail d'équipe et nous nous soutenons les uns les autres.

Au-delà de ces tensions liées aux relations avec les usagers, j'ai vécu un certain nombre d'accidents ou de suicides sur les voies qui m'ont beaucoup marqué. Un jour, j'ai été appelé pour aller chercher un corps sans tête. J'ai encore l'image dans l'esprit, un corps en survêtement et les pieds le long des voies. Le dernier suicide que j'ai fait remonte à six mois. Un jeune homme s'est jeté sous le train. Il n'était pas loin de nous sur le quai mais on ne pouvait pas prévoir qu'il allait passer à l'acte. À chaque fois que je vois le mécano, il me parle du regard qu'ils ont échangé. Mon boulot, dans ce cas, commence par la sécurisation des personnes, faire sortir les voyageurs du train, voir le mécano, les voyageurs, les premiers témoins, puis faciliter les interventions des professionnels qui vont venir chercher le corps.

Porter assistance, aider autrui, se dévouer pour aider son prochain parce qu'il est la prolongation de soi-même : la plupart des agents de la SUGE ont cette mentalité-là.

« Nous perdons peu à peu la maîtrise de notre savoir-faire »

Vincent, cheminot informaticien

Les services informatiques de la SNCF avaient mis au point une application qui s'appelait « perturb et grève ». Ça marchait très bien... sauf les jours de grève ! Depuis, le problème a été résolu. Ces services produisent par ailleurs des systèmes d'informations pour les voyageurs tels que les automates installés dans les gares ou encore des PDA (assistants personnels digitaux) dont sont équipés les contrôleurs. Ce sont des systèmes très performants... Le lendemain d'une grève ou en cas de suppression de train, par exemple, il peut certes y avoir des pics de requêtes, mais pas au point d'envisager que 5 000 personnes puissent réclamer en même temps !

Un des projets les plus connus concerne la vente des billets par Internet. Offrir un nouveau média pour favoriser ce genre d'accès à la billetterie, pourquoi pas ? Mais il faut tenir compte du besoin de contacts directs entre usagers et agents. Des générations ne sont pas familiarisées avec Internet et beaucoup ne maîtrisent pas bien ce média. C'est pourquoi nous maintenons des outils dédiés exclusivement à la vente en gare. Le principe est simple : une centrale de réservation accessible depuis le guichet permet, en fonction des desiderata du client, de déterminer quelles sont les meilleures propositions de trains, d'effectuer les réservations et de proposer un suivi approprié. Beaucoup mieux que l'usager qui passe par Internet et qui n'a pas accès à cet outil, le vendeur est en mesure d'avoir une vue d'ensemble du parcours demandé et d'analyser les gammes tarifaires qui sont d'autant plus compliquées que chaque région peut appliquer sa propre politique de prix. Cette « liberté tarifaire » engendre en réalité une véritable usine à gaz ! Sans outil, il est très difficile et beaucoup trop long, pour le vendeur en gare, de faire une proposition claire concernant un parcours continu qui utilise tantôt le TGV, tantôt le TER. Sur Internet, c'est un véritable casse-tête. Or, pour l'instant, en matière de trains, les usagers ont affaire à un opérateur unique. Imaginez ce que ce sera avec plusieurs opérateurs ! Je considère comme une petite victoire d'avoir obtenu que la SNCF continue à investir dans cet outil dont les principes d'utilisation reposent sur le contact direct entre usagers et vendeurs.

Mais notre difficulté, actuellement, c'est que nous perdons peu à peu la maîtrise de notre savoir-faire. Dans le domaine de l'informatique, le taux de sous-traitance qui, il y a quelques années, était d'un tiers, en est aujourd'hui à deux tiers. Et la direction nous répète que nous devons passer du « savoir-faire » au « savoir faire faire ». Par exemple, la gestion de projet, l'écriture de code, les tests vont être confiés à des boîtes de service ou à des filiales telles que oui.sncf. Pourtant, on s'aperçoit que le prix de cette sous-traitance est supérieur à celui qu'un traitement par des cheminots aurait coûté. Une des raisons de ce surcoût est que l'objectif des sociétés privées est de faire du business, alors que notre raison d'être est de faire fonctionner des logiciels qui facilitent l'accès de tous aux voyages en train.

Pour ma part, j'ai toujours été attiré par le chemin de fer. Cela va de pair avec ma passion pour l'informatique. Je connais les choses de l'intérieur. Aussi, ce que je fais correspond à des besoins et à des fonctionnements qui sont marqués par l'esprit du service public. Peut-on en dire autant des sociétés privées ? Je ne le pense pas.

« Rompre l'isolement »

Karine, assistante sociale

Il y a quelques jours, je suis allée rendre visite à un pensionné de la SNCF qui venait de perdre sa femme. La caisse de retraite m'avait alertée en tant qu'assistante sociale du secteur. Depuis sa cessation d'activité, cet ancien agent vivait en couple sans problème. Il n'avait jamais eu affaire aux services sociaux auxquels j'appartiens et, en cette circonstance, il n'aurait jamais songé à se tourner vers nous. Je lui ai envoyé un courrier par lequel je lui proposais de le rencontrer pour parler de sa nouvelle situation de veuf. Il a accepté que je me rende à son domicile. Il aurait pu tout aussi bien se déplacer au centre social pour préserver son intimité, ou bien ne pas donner suite à ma demande. Cela a été l'occasion d'évoquer sa carrière, la passion du métier, les relations qu'il avait entretenues avec ses anciens collègues... et de faire le tour des aides que mon service pouvait lui apporter. Cette démarche est courante auprès des pensionnés comme auprès des actifs de la SNCF dans le cadre de ma fonction d'assistante sociale chargée de la famille dans le secteur d'Arras, aussi bien que dans le cadre de mes fonctions d'assistante sociale référente d'un établissement ferroviaire. C'est le cas lorsque survient un décès mais c'est aussi le cas lorsqu'arrive une naissance ou un problème de santé, ou une séparation – et je constate beaucoup de séparations chez les conducteurs et chez les contrôleurs...

Dernièrement, le pôle RH d'un établissement m'a signalé les difficultés d'un de ses agents : absentéismes répétés et inopinés qui entraînaient des défauts de service auprès des usagers. En fait, l'agent, en situation de séparation, se trouvait dans l'incapacité de concilier la garde de ses enfants, la vente de sa maison, la recherche d'un nouveau logement et des horaires de travail qui le faisaient partir tôt le matin ou rentrer tard le soir. Ça a été le burn-out et donc l'arrêt de travail. En l'occurrence, j'ai demandé à ma collègue conseillère en économie sociale et familiale de m'assister pour accompagner cet agent. On a monté un dossier de surendettement qui a permis, momentanément, de stopper le crédit de la maison, de payer le loyer du nouvel appartement et de pouvoir nourrir correctement les enfants. Sauf que, au bout de six mois, le médecin-conseil n'ayant pas reconnu l'arrêt de longue maladie, l'agent est passé à demi-solde. Il n'était pourtant toujours pas en capacité de reprendre le travail... Alors, nous avons cherché une solution avec le pôle RH de l'établissement qui s'est montré très compréhensif et à l'écoute : un poste plus proche de son domicile lui a été trouvé sur des horaires qui lui permettent de mener de front sa vie personnelle et sa vie professionnelle. Cette solution a pu être dégagée parce que l'agent concerné nous a donné son accord pour que nous donnions au pôle RH les éléments de compréhension nécessaires. Ce pôle RH respecte le fait que je sois tenue au secret professionnel. Il s'agit de faire en sorte qu'une issue soit trouvée en concertation. C'est une question de confiance qui ne s'acquiert que s'il existe un minimum de proximité entre les agents et les services sociaux de la SNCF.

Or, c'est tout juste, aujourd'hui, si les cheminots connaissent notre existence. Pourtant, il n'y a pas si longtemps, la plupart des centres d'action sociale étaient basés à l'intérieur des établissements ferroviaires ou même dans ce qu'on appelait les « cités cheminotes », où logeaient une majorité de gens du rail. Il y avait un local identifié, des panneaux d'affichage, une signalétique « Permanence de l'assistante sociale » et les heures d'ouverture. Il arrivait que des agents passent à l'improviste. On se connaissait. Aujourd'hui, le nombre de centres a été réduit. Mon bureau est situé à trois cents mètres de la gare en plein centre-ville. Même si, en tant qu'assistante sociale référente, je peux toujours tenir des permanences à l'intérieur de la gare, je n'y suis qu'une fois par mois. Je ne suis plus dans la proximité. Les contacts ont perdu leur spontanéité. Beaucoup de cheminots découvrent mon existence lorsqu'à la suite d'un arrêt de travail, d'une naissance, d'un problème qui m'a été signalé, je leur adresse un courrier pour leur proposer de me rencontrer. Malheureusement, les occasions de ces prises de contact ne manquent pas, tant sont nombreux les cheminots qui, avec leur petit salaire, sont en butte à des difficultés financières et sociales.

À côté des cas individuels qui occupent la plus grande partie de mon temps, je réalise avec mes collègues des interventions collectives sur les sujets dont nous avons remarqué l'importance. Sur notre région, par exemple, nous avons organisé, à destination des cheminots qui travaillent en deux-huit ou en trois-huit, une information sur la gestion du sommeil et de l'alimentation. Cela s'est fait en lien avec le service médical qui s'est mobilisé sur les conséquences des horaires décalés. Nous avons aussi traité le problème de la parentalité auprès des familles qui en ont fait la demande : comment père et mère peuvent garder leur rôle parental respectif tout en jonglant avec les décalages horaires. On sait notamment à quel point, après une séparation, cette question est cruciale. Il y a eu des actions sur le temps que les enfants passent collés à leurs écrans, sur les dangers domestiques et les premiers secours. Environ 30 % des cheminots invités assistent à ces informations collectives. C'est encourageant.

Pour les pensionnés, on organise spécialement des séjours à thème et des séjours temporaires dans deux établissements situés au bord de la mer : à Sanary-sur-Mer, au bord de la Méditerranée, et à Saint-Jacut-de-la-Mer, dans les Côtes-d'Armor. Grâce au concours d'intervenants extérieurs, les retraités y discutent de « bien-vieillir » ou de « bien-être », ils y font du sport, on leur prodigue des massages... Ils viennent surtout rompre l'isolement ou renouer un lien avec l'entreprise qu'ils n'ont jamais vraiment pu quitter. Ils y parlent beaucoup de leur ancien travail, ils évoquent ce qui les unissait pour défendre leur métier et pour venir en aide à ceux qui étaient en difficulté. Interrogez un ancien de la SNCF, il vous parlera de « solidarité ».

Est-ce qu'on entend moins ce mot dans la bouche des actifs ? Peut-être. Mais, à partir de la place que j'occupe, je constate toujours un fort sentiment d'appartenance à une entreprise que les restructurations s'efforcent de morceler, et une identité collective qu'un management agressif aimerait sans doute faire disparaître.

« Même s'il est stressant, j'aime passionnément mon métier »

Séverine, service paie et famille

« Je ne comprends pas, il manque 800 euros sur mon salaire. Comment ça se fait ? » Ça, c'est un cheminot qui découvre une erreur sur sa fiche de paie. Il y a encore quelques mois, il appelait alors le service « paie et famille ». Au bout du fil, si j'étais l'agent chargé de gérer son salaire, j'avais un échange avec lui : « Attends, je regarde, je vais te rappeler. » Et je faisais en sorte que tout s'arrange.

Il faut dire que calculer la paie à la SNCF est particulièrement complexe. Il y a, chez les cheminots, 170 métiers différents et une quantité incalculable de situations particulières. Si les choses sont relativement simples pour un salarié qui travaille dans les bureaux, en direction, ça devient compliqué quand il s'agit de prendre en compte les éléments variables de solde pour les agents qui dépendent d'un établissement ferroviaire : relevés de déplacements, éléments de solde divers et variés. Il faut tout contrôler puisqu'en fait, chez nous, on n'a jamais la même paie d'un mois sur l'autre. Il faut ajouter à cette mission la préparation et l'édition des contrats de travail, traiter les licenciements, les attestations de cessation de fonction, la prévoyance, etc. Alors que le nombre de cheminots a beaucoup diminué, le nombre de bulletins de salaire est toujours à peu près le même qu'il y a dix ans, car le nombre de missions courtes a considérablement augmenté. Or, il faut savoir que le service de la paie a de moins en moins d'effectifs et de plus en plus d'informatique. On nous a encore changé le logiciel il y a peu en nous garantissant qu'on aurait plus de temps pour faire la paie des agents. Sauf qu'avec ce logiciel-là, les établissements peuvent saisir des éléments de solde jusqu'au 14 de chaque mois alors que notre service doit clore ses opérations le 19 ou le 20. Il y a donc toujours une semaine dans le mois où j'ai la tête farcie d'informatique, de pannes de logiciel et de journées de maintenance qui tombent inévitablement au plus mauvais moment. Tous mes collègues pensent la même chose : on fait du quantitatif au lieu de faire du qualitatif.

Plus question, maintenant, de répondre à un salarié qui m'appelle directement sur mon lieu de travail. Aujourd'hui, les cheminots doivent s'adresser à une « plateforme téléphonique ». Ce dispositif, qui a d'abord été interne à la SNCF, répercute les questions et les réclamations auprès des gestionnaires du service de paie qui doivent, soit rappeler la plateforme pour lui fournir les explications nécessaires, soit contacter le salarié concerné. Avec ce système, au lieu de quelques jours, le délai de résolution est passé à une ou deux semaines. Et voilà maintenant que, depuis le début de 2019, cette plateforme téléphonique a été externalisée. Cela veut dire que les cheminots tombent désormais sur des prestataires externes qui ne connaissent rien à la SNCF. Il arrive qu'on n'ait même pas le numéro de téléphone du collègue dont nous sommes seuls à pouvoir régler les petits et les gros problèmes de paie. Pour l'un, c'est un changement de qualification qui n'a pas été saisi, des déplacements qui n'ont pas été payés : l'agent a avancé ses frais, il veut être remboursé, c'est normal. D'autres sont dans des situations catastrophiques. J'ai le cas par exemple d'une agente qui doit 9 000 euros à l'entreprise. Elle a été arrêtée six mois. Venant de RFF – Réseau ferré de France –, elle travaille maintenant à la SNCF et, belge d'origine, elle ne savait pas qu'elle devait envoyer ses arrêts de travail à la CPAM. Un an après, on s'est aperçu que la SNCF n'avait jamais été remboursée par la Sécurité sociale. Elle doit maintenant rembourser le trop-perçu. Cela se fait par prélèvement sur sa fiche de paie. J'ai donc fait en sorte que la direction envoie un courrier à la Sécurité sociale pour trouver un arrangement. De gros problèmes découlent également de la réforme qui fait qu'à partir de 184 jours d'arrêt de travail, les agents sont automatiquement à demi-solde. Un cheminot qui a de graves problèmes de santé arrive vite à dépasser ce délai. Et sa situation devient dramatique s'il ne bénéficie pas d'un accord longue maladie pour le maintien de son salaire par notre Caisse de prévoyance.

Aujourd'hui, étant à mi-temps, je gère un « portefeuille » d'environ deux cents salariés qui travaillent dans mon périmètre. Je détecte facilement ceux qui tombent en arrêt maladie. Je fais très attention à ce que leur paie soit exacte afin que des soucis financiers ne viennent pas se rajouter à leurs problèmes de santé. Lorsque l'arrêt se prolonge, je suis en mesure d'alerter leur établissement qui lui-même peut se mettre en rapport avec le service d'action sociale. Il en va de même pour tout ce qui est mobilité. Lorsqu'un agent est muté et qu'il doit déménager avec femme et enfants – ce qui est particulièrement fréquent à la SNCF –, il a droit à des indemnités pour pouvoir loger sa famille, payer un deuxième loyer en cas de nécessité. Cela ne m'échappe pas et je peux veiller à ce que l'agent perçoive les aides auxquelles il a droit. C'est ce que j'appelle une bonne gestion. Or, à partir de maintenant, non seulement ces salariés doivent appeler une « plateforme téléphonique », mais leur gestion va être banalisée. Cela veut dire que les cheminots de toute la France seront gérés par plusieurs agences. Je n'aurai plus de portefeuille. Un jour, je vais traiter la paie d'un agent de Bordeaux, le lendemain, celle d'un agent de Marseille ou de Lille. Ce sera une gestion complètement dépersonnalisée. J'aurai affaire à des gens que je ne connais pas et ce ne seront jamais les mêmes.

Désormais, je ne serai plus « gestionnaire de paie » mais « contrôleuse de paie ». Ce ne sera plus le même métier et ce ne sera plus la SNCF dans laquelle je suis entrée il y a vingt ans. En fait, dans la mesure où on est progressivement coupés des salariés, c'est un peu comme si notre service était déjà externalisé. C'est ainsi que, sur les réseaux sociaux, je vois beaucoup de cheminots penser que les gestionnaires de paie ne sont plus des agents SNCF. C'est normal : quand ils ont un problème avec leur salaire, ils tombent sur une plateforme téléphonique anonyme. Ça fait des années que la direction essaie de briser l'esprit de solidarité qui est celui des cheminots. Des années qu'elle cherche à diviser le service des transports publics : trois entreprises, trois politiques différentes. Que cherche-t-elle ? Quel est le gain espéré ? Je ne vois pas. Cela crée du mal-être. Je vois beaucoup de collègues qui viennent travailler à reculons, beaucoup de gestionnaires qui finissent par quitter l'entreprise.

Pourtant, même s'il est stressant, j'aime passionnément mon métier. Il est diversifié, la complexité est au cœur de son action. Je suis fière de rendre service aux agents qui, eux-mêmes, se dévouent pour le service public. J'ai signé un contrat d'agent cadre permanent. Je resterai à la SNCF.

Remerciements

Pour la première fois, la coopérative Dire le travail signe un livre en tant que telle, affirmant ainsi que c'est une œuvre collective.

Nous l'avons coordonné et tenons à remercier tous ceux qui ont participé à l'aventure.

– En premier lieu les narrateurs, qui nous ont raconté l'intimité de leur travail, ont pris le temps de relire et amender les écrits que nous leur proposions, jusqu'à la version finale qu'ils ont signée.

– Les auteurs qui ont collecté avec nous des paroles de cheminots et les ont mises en récits, travaillant avec tout leur professionnalisme pour que la voix singulière du narrateur s'entende dans son récit : Jacques Viers, Martine Silberstein, Cécile Durant, Vanessa Lauraire, Michel Forestier, Patrice Bride, Roxane Caty-Leslé et Anaïs Jounenc.

– Et les autres coopérateurs qui ont apporté leur aide, relisant les textes, participant à une interview, transcrivant une partie d'enregistrement, etc. : Dominique Samson, Anne Landais, Blandine Bricka, Françoise Colsaet, Jérémy Escuer, Clarisse Champin et Annelise Levin.

– Les Éditions de l'Atelier, qui ont cru au projet dès les premiers récits, en mai 2018 : Bernard Stéphan, Camille Deltombe (pour ses conseils sur l'ouvrage, dans sa globalité et jusqu'à la moindre virgule) et Julien Lucchini.

– Le CCGPF, Comité central du groupe public ferroviaire, qui a décidé de porter très largement ces textes à la connaissance des cheminots et des usagers, et qui a rédigé l'introduction de chaque partie, ainsi que le CSE Fret et le CSE Réseau Île-de-France.

Christine Depigny-Huet et Pierre Madiot

TABLE DES MATIÈRES

Mise en page : Le vent se lève...

Achevé d'imprimer sur les presses de Corlet Imprimeur
14110 Condé-en-Normandie
N° d'éditeur : 6711 – N° fab. : 6935 – N° d'imprimeur : 19060001
Dépôt légal : octobre 2019

Imprimé en France